Detlef Vonde

»... dass der Mensch was lernen muss.«

Bildungsgeschichte(n) aus dem Ruhrgebiet und dem Bergischen Land

Detlef Vonde

»... dass der Mensch was lernen muss.«

Bildungsgeschichte(n) aus dem Ruhrgebiet und dem Bergischen Land

Edition Köndgen

Edition Köndgen

In der Edition Köndgen erscheinen Bücher und Geschenkartikel über Wuppertal,
Schwelm und das Bergische Land. Die vielfältigen Facetten dieser Region werden darin lebendig präsentiert.
www.edition.koendgen.de

Bibliographische Informationen der Deutschen Nationalbibliothek:
Die Deutsche Bibliothek verzeichnet diese Publikation in der Deutschen Nationalbibliographie;
detaillierte Daten sind im Internet unter *www.dnb.de* abrufbar.

1. Auflage 2012, Wuppertal
Deutsche Originalausgabe

Titelformulierung: Nach Wilhelm Busch, Max und Moritz, 4. Streich
Titelbild: Johann Peter Hasenclever, »Der erste Schultag« (1852)
Gestaltung: Sandra Balcke
Druck: BoD GmbH, Norderstedt
Printed in Germany
978-3-939843-25-2
www.edition.koendgen.de

Inhalt

Einleitung

Zugegeben – der Titel des vorliegenden Buches könnte Anlass zu Missverständnissen geben. Um es gleich vorab zu sagen, damit keine nachträglichen Enttäuschungen entstehen: Die hier versammelten Texte haben nichts mit dem vorschulpädagogischen Begriff der »Lerngeschichte« zu tun und nur in einem sehr übertragenen Sinne mit der Erkundung und Bewertung von Bildungsprozessen. Das Buch gehört also nur bedingt in das Regal der historischen Pädagogik. »Geschichte(n) vom Lernen«, das sind Variationen über Entstehung und Verlauf kollektiver Lernprozesse in unterschiedlichen Bereichen der Gesellschaft im 19. und 20. Jahrhundert – und zwar im regionalgeschichtlichen Zusammenhang des Bergischen Landes und des Ruhrgebietes. Es sind dies Texte aus höchst unterschiedlichen Entstehungszusammenhängen: aus der (wissenschaftlichen) Weiterbildung, aus dem Museumskatalog oder der historischen Online-Bibliothek des Landschaftsverbandes Rheinland: weit verstreut und doch irgendwie zusammengehörig.

Alle diese Texte des vorliegenden Bandes kreisen direkt oder indirekt um das Thema des »Lernens« in verschiedenen historischen Kontexten. Gemeint ist hier ein Begriff des informellen Lernens in Staat und Gesellschaft und dessen geschichtliche Rahmenbedingungen in konkreten gesellschaftlichen Praxisfeldern. Stets haben Menschen und ihre Organisationsformen in und aus der Geschichte gelernt. Mal verliefen solche Lernprozesse erfolgreich, manchmal misslangen sie.

Ein Beispiel: Die sozialen Proteste der Frühindustrialisierung haben sich – in England häufiger als in Deutschland – in Aufständen und Tumulten ausgedrückt, die auf den ersten Blick Ausdruck einer kollektiven und blinden Wut auf die Ungerechtigkeiten einer neuen, einer »modernen« Zeit waren. Die Geschichte der »Maschinenstürmer« im Solingen der 1840er Jahre, in ihrer Subsistenz bedrohte Schmiedearbeiter, lässt sich aber auch als ein Lernprozess im Rahmen der »Fundamentalpolitisierung« der Arbeiterschaft im Bergischen Land des frühen 19. Jahrhunderts begreifen. Wie haben die Menschen öffentlich ihrem Zorn auf soziale Ungerechtigkeit Ausdruck verliehen und aus ihren Erfahrungen für kommende Formen des Konfliktaustrags in der Revolution von 1848/49 und in der entstehenden Arbeiterbewegung gelernt? Wie verlief der Weg vom individuellen zur kollektiv organisierten Interessenvertretung? Fragen, die für die Modernisierungsprozesse der bürgerlichen Gesellschaft als Wechselspiel von Emanzipationsschüben und -blockierungen keine unwichtige Rolle spielen.

Am Beispiel des Ruhrgebietes lassen sich Erfolgs- und Misserfolgsgeschichten kollektiver Lernprozesse besonders eindrucksvoll studieren. Dem »Revier der großen

Dörfer« wird häufig eine eigentümliche »Unfähigkeit zur Stadtentwicklung« (Lutz Niethammer) unterstellt. Und in der Tat: die Geschichte der gigantisch wuchernden Riesendörfer im Revier des 19. und 20. Jahrhunderts, die außenstehende Zeitgenossen gern auch als »barbarische Steinhaufen« beschrieben, ist die eigentümliche Erfahrungsgeschichte eines (misslingenden) Urbanisierungsprozesses im hochindustriellen Zeitalter, zumindest, wenn man unter »Urbanisierung« den qualitativen Prozess, also die Entwicklung eines städtischen Lebensraumes unter humanen Bedingungen versteht. Über 150 Jahre war Stadtentwicklung als Urbanisierung unter industriellen Bedingungen an die Perspektive scheinbar unbegrenzten Wachstums geknüpft. Diese Zeiten sind längst vorbei. Was lässt sich aus dieser Geschichte lernen? Wenn ökonomische und demografische Prozesse heute das so vertraute Wachstumsparadigma in Frage stellen, wenn so genannte »Schrumpfstädte« die Herausforderung einer an menschlichen Bedürfnissen orientierten Stadtentwicklung sind, dann bietet sie vielleicht eine Gelegenheit über die Chancen des Schrumpfens nachzudenken?

Das »Revier« ist im Zuge von gewaltigen Migrationsprozessen zu dem gigantisch wuchernden Agglomerationsraum geworden, den wir heute kennen. Die Geschichte der »Gastarbeiter im Kaiserreich« markiert als Integrationsgeschichte aber durchaus auch ein Stück Erfolgsgeschichte. Gemeint ist der historische Integrationsprozess der Polen im Ruhrgebiet, die noch heute als Schimanskis, Kwiatkowskis oder Katlewskis das Gesicht der Region prägen. Deren massenhafte Einwanderung im Verlauf der Industrialisierung verlief zwar selten konfliktfrei oder gar unproblematisch, mobilisierte die Radikalenphobie des Staates und die xenophobischen Anwandlungen der Einheimischen, war am Ende aber dennoch Ausdruck eines gelingenden Lernprozesses: Die Polen im Ruhrgebiet verstanden es im Laufe der Zeit, ihre kulturelle Eigenart zu bewahren und sich dennoch am gesellschaftlichen und politischen Leben aktiv zu beteiligen – Voraussetzung einer gelingenden Integration.

Gelernt wird spätestens seit Einführung der allgemeinen Schulpflicht in der dafür vorgesehenen Institution »Schule«. Die Geschichte des Schulwesens in Deutschlands wurde aus den unterschiedlichsten Blickwinkeln geschrieben: zuletzt als Sozial- oder als Kulturgeschichte. Der hier abgedruckte Text über die »Schulverhältnisse im Kaiserreich« ist wiederum ein Beispiel aus der Geschichte des Ruhrgebietes. Am Beispiel des ehemaligen »Riesendorfes« Altenessen wird gezeigt, wie sehr Anspruch und Wirklichkeit von Schulpolitik und Schulwirklichkeit im Alltag der schwerindustriellen Provinz auseinander klaffen konnten. Die vom Staat stets angestrebte »Schule der Untertanen« hat in der gewünschten Weise in der Praxis im Ruhrgebiet einfach nicht funktioniert. Die Ambivalenzen des Wilhelminischen Staates und seiner Gesellschaft lassen sich auch im Alltag des Lernortes Schule eindrucksvoll studieren.

In dem Maße, wie das Schulwesen sich im 19. Jahrhundert zur staatlichen Angelegenheit entwickelte, wurde schließlich die Volks- oder Erwachsenenbildung zu einer Ausdrucksform der bürgerlichen Gesellschaft – Freiheitsperspektive inklusive –, in der man die Unabhängigkeit vom Staat und Kirche hoch hielt. Das besondere Merkmal der Bildung für Erwachsene war ihr demokratischer Ursprung: sie ist unter allen Institutionen der Bildung die einzige, die aus den demokratischen Bewegungen des Bürgertums und aus der Arbeiterbewegung hervorgegangen ist. Ihre bekannteste und verbreitetste Variante, die Volkshochschule, machte dabei eines der weitgehendsten Versprechen in der Bildungsgeschichte überhaupt. Sie schrieb sich »Bildung für alle« ins Programm und war damit in der Theorie derjenige Ort, an dem Standes- und Klassengrenzen in Sachen Bildung noch am ehestens zu überwinden waren, indem die prinzipielle Bildungsfähigkeit eines jeden Menschen unterschiedslos anerkannt wurde. Die große Gründungswelle der Volkshochschulen setzte in Deutschland mit der Weimarer Republik 1918/19 ein. In ein paar wenigen Städten aber war man der Zeit schon damals voraus. In Wuppertal (genauer: in Barmen) wurde im Januar 1912 eine der ersten Volkshochschulen in Deutschland gegründet: eine weitere – wenn auch weniger beachtete- Pionierleistung aus dem »Modernisierungszentrum« an der Wupper. Die wechselvolle Geschichte der dortigen VHS steht – zum 100. Geburtstag der Institution- am Ende eines Buches, das die wissenschaftliche Strenge der Freude am Erzählen unterordnet: Geschichten vom Lernen.

Wuppertal, Oktober 2012

Detlef Vonde

»Eine gewaltförmige Reform« – Fundamentalpolitisierung als Lernprozess in Solingen 1848

Zwei Berichte über Fabrikzerstörungen

Am 16. und 17. März 1848 wurden der Kreis Solingen und das Burgtal zu Schauplätzen revolutionärer Aktionen der örtlichen Schmiedearbeiter. Von diesen Ereignissen existieren zwei aus der Rückschau nach fünfzig Jahren und später verfasste Darstellungen.

> *»In Solingen, das nach der 1846er Volkszählung 6610 Einwohner hatte, ging zuerst der Tanz los. Die Arbeiter zerstörten dort eine Anzahl Fabriken, die Messer, Scheren usw. durch Maschinenarbeit in Guss herstellten. Am 16. März morgens zogen eine große Anzahl durch Einführung der Gusstechnik brotlos gewordener Arbeiter hinunter auf den Wehrwolf bei Hammesfahr und Kratz und hausten dort vandalisch in der Gießerei. Dann marschierten sie, ungehindert in jeder Weise, in hellen Haufen nach Binkenburg zur Küllenburgschen Fabrik, die sie gleichfalls zerstörten. Weiter wandten sie sich zur G. Beckerschen Gießerei in Hohscheid, die in kurzer Zeit einem Schutthaufen glich. Es war schon sieben Uhr abends geworden, als sich die Zerstörer der Stadt zuwandten, zu der vor der Stadt liegenden Wagnerschen Fabrik. Auch diese wurde von der rasenden Menge, deren Treiben Einhalt zu tun von den Behörden viel zu spät versucht wurde, zerstört. Von der Wagnerschen Fabrik zogen sie mit einer roten Fahne nach dem Etablissement Burgthal, wo sie ihre Zerstörungswut an den Werkstätten und Wohnhäusern ausließen und erst um vier Uhr morgens abzogen, nach dem sie alles Verbrennbare zu einem großen Scheiterhaufen getürmt und verbrannt hatten. Der an dieser Fabrik verursachte Schaden wurde allein auf 150.000 Taler geschätzt. Die Solinger Schützengilde, die zum Schütze der Fabrik ausgerückt war, riss bald wieder aus, als sich die Meuterer nun gar zum Zug in die Stadt anschickten. Mit Säbeln und Beilen bewaffnet, das Lied ‚Ein freies Leben führen wir' singend, zog diese Räuberbande in die im Morgengrauen liegende Stadt. Der helle Feuerschein vom Burgthalschen Etablissement schien den Bürgern ähnliche Greuel in der Stadt anzukündigen, doch die Aufrührer, müde von dem langen Tagwerk, kehrten heim zu ihren Wohnungen. Als es Tag wurde, kam endlich hinreichend Militär, das jeden Versuch zu weiteren Tumulten energisch unterdrückte und die Schuldigen dem Gericht überantwortete.«* [1]

Soweit das in seiner Tendenz deutliche »Stimmungsbild« von Alois Niezner, eines rückschauenden Betrachters auf die lokalen Ereignisse zu Beginn der Revolution von 1848/49. Seine Schilderung der Solinger Fabrikzerstörungen im März 1848 ist anschaulich und diffus zugleich. Die Zuverlässigkeit dieser Betrachtung lässt sich überprüfen, wenn man sie mit einem Augenzeugenbericht von August Peiniger konfrontiert.

> *»Eines Tages hielten die arbeitslosen Scherenschmiede, Schleifer, Feiler, Nagler etc. auf dem damaligen Schützenfelde, südlich von der Stadt, eine Volksversammlung ab. Es wurden viele Reden gehalten, wodurch die Gemüter erhitzt wurden. Dann zog man zu der Gießerei am Wehrwolf, ganz in der Nähe gelegen. Der Volkshaufen vermehrte sich durch viele Neugierige und junge Burschen. Kaum war man zur Fabrik gekommen, als die jungen Burschen mit Steinwürfen die Dachpfannen zerstörten und die Fenster einwarfen. Dann drang Jung und Alt in die Fabrik hinein, holten in Körben und Kisten die fertigen und halbfertigen Waren heraus und machten dieselben mit Eisenstangen und Kolben in kurzer Zeit unbrauchbar. Nachdem das Zerstörungswerk im Innern der Fabrik vollendet, brachte man den großen Schornstein durch Einkerben am unteren Ende zu Fall. Das ganze Werk der Verwüstung war in kaum zwei Stunden vollbracht. Gegen die wütende Volksmenge war die Polizei ohnmächtig. Der Schützenverein wurde durch Alarmsignale versammelt, zog sich aber zurück, als die Massen des Volkes, bewaffnet mit allen möglichen Gegenständen aus der zerstörten Fabrik, eine drohende Haltung gegen ihn einnahmen. Die Menge zog nun zu der Gießerei am Platzhof, eine halbe Stunde südwestlich von Solingen gelegen. Hier und in einer Gießerei zu Voerde, dicht bei Solingen, verfuhr man in derselben Weise. In der großen Fabrik zu Burg hatte man sich vorgesehen und war bereit, ernstlichen Widerstand zu leisten; auch einige Gendarmen hatten sich eingefunden. Aber in kurzer Zeit war mit den mitgebrachten Eisenstangen das Haupttor eingeschlagen und nun wälzten sich die Massen in den Hof und in die Fabrik, alles zertrümmernd, was ihnen im Wege war; das andere wurde herausgeschafft und zerstört, vieles auch gestohlen und in Körben fortgeschafft. Der Kutschwagen des Fabrikdirektors wurde voll Scheren gepackt und in den großen Teich gefahren. (...) Nachdem das Volk fast alles zerstört hatte, versuchte man, die Fabrik anzuzünden; doch kam der Brand nicht so recht zum Ausbruch. Als man das bemerkte, schob man zwischen die Wasserräder Stangen und Balken und öffnete das große Schott. Die große Gewalt des Wassers zerstörte die Räder. (...) Nach dem die Zerstörung der Fabrik in Burg erfolgt war, kehrten die Teilnehmer an dem Zerstörungswerk am nächsten Morgen früh nach Solingen zurück.*

An langen Stangen trugen sie aufgeschnittene Strohsäcke als Fahnen. Sie hatten fleißig gearbeitet, denn in einem halben Tag und einer halben Nacht waren vier verhasste große Gießereien vollständig zerstört. Der Aufruhr hatte bei den Warenzahlern geradezu Wunder gewirkt. Am anderen Morgen nämlich hatten die meisten derselben Schilder über ihren Türen angebracht, worauf stand: ,Es wird nicht mehr in Waren bezahlt!' Sie hatten Lunte gerochen, denn schon damals munkelte man davon, diesen Leuten auch das Handwerk zu legen.« [2]

Der Vergleich beider Berichte bestätigt zunächst weitgehend die Zuverlässigkeit der geschilderten Ereignisabläufe. Fünf Eisengießereien wurden am 16. und 17. März des Jahres 1848 von Arbeitern der Kleineisenindustrie im Landkreis Solingen nahezu vollständig zerstört, Material vernichtet oder gestohlen. Nennenswerter Widerstand stellte sich den Aufrührern nicht entgegen, und erst der massive Einsatz von Militär durch die Behörden beendete die »Tumulte«.

Folgt man Nieszners Darstellung, so handelt es sich bei diesen Ereignissen um die blinde Zerstörungswut »brotloser« Arbeiter, die planlos brandschatzend über die Gießereien herfallen, Angst und Schrecken verbreiteten, bis die geballte Ordnungsmacht den Spuk beendete und die Verantwortlichen vor Gericht brachte. Es verwundert kaum, dass der Verfasser dieser Darstellung in denunziatorischer Absicht die Geschehnisse beinahe vollständig aus ihrem sozialen Kontext herauslöst. Er verarbeitet die Ereignisse zu einer Chronologie des Terrors und interessiert sich weniger für die Ursachen und Motive der »Täter«.

Diese werden in Peinigers Bericht dann immerhin angedeutet. Danach rekrutieren sich die Teilnehmer an den Fabrikzerstörungen aus verschiedenen Berufsgruppen der Solinger Eisenindustriearbeiterschaft, die durch die Konkurrenz der örtlichen Gießereibetriebe arbeitslos geworden waren. Daneben aber beteiligten sich auch jugendliche Sympathisanten an den Übergriffen. Offenbar handelte es sich damit um eine durchaus geplante, zumindest aber vorbereitete und verabredete Protestaktion pauperisierter Handwerker und Arbeiter gegen die bedrohliche Konkurrenz der Massenproduktion in der Solinger Eisenhütte.

Die gesamte Aktion trug Merkmale, die zum Handlungsrepertoire frühindustrieller Arbeitskämpfe und vormärzlicher »Widersetzlichkeiten, Excesse, Crawalle, Tumulte und Skandale«[3] gehörten. Vor allem mussten sie schnell über die Bühne gehen, bevor die Behörden wirksam eingreifen konnten. Genau das war in diesen beiden Märztagen in Solingen geschehen. Die Art und Weise des Hergangs und die lokale Tradition von Arbeitskämpfen [4] aber deuten darauf hin, dass diese »Maschinenstürme« nicht vollständig im Erklärungsmuster einer »plebejischen Kultur« aufgingen.

Diese war dem englischen Historiker und Philosophen E.P. Thompson folgend »zwar sicherlich keine revolutionäre, ja nicht einmal eine protorevolutionäre Kultur (in dem Sinne, dass sie Fernziele hegte, die die soziale Ordnung in Frage stellten), aber man sollte sie auch nicht als eine ehrerbietige Kultur beschreiben. Sie brachte Krawalle, aber keine Rebellionen, direkte Aktionen, aber keine demokratischen Organisationen hervor. Es fällt die Schnelligkeit auf, mit der die Stimmung der Menge von Passivität zu Aufsässigkeit und wieder zu eingeschüchtertem Gehorsam umschlug.« [5] Kleine und kleinste Indizien in den Schilderungen unserer beiden Gewährsleute deuten jedoch daraufhin, dass die Solinger Ereignisse durchaus ambivalente Merkmale aufweisen: Sie waren noch den überkommenen Artikulationsmustern eines ,vormodernen« sozialen Protestes verhaftet und bedeuteten doch im Ergebnis für den lokalen Zusammenhang einen sozialrevolutionären Bruch mit den herrschenden Verhältnissen. Diese Einschätzung betrifft zunächst das Merkmal »Spontanität«. Peiniger erwähnt die vorbereitende Volksversammlung, auf der die Mobilisierung und das offenbar planvolle Vorgehen abgestimmt und vorangetrieben worden war. Auch die zu erwartende Auseinandersetzung mit den Schutzmannschaften und Bürgerwehren war Bestandteil einer inneren Logik und Konzeption des Protestes: Man bewaffnete sich sukzessiv und effektiv. Der Solinger »Tumult« hatte offensichtlich eine Strategie.

Was aber hatten diese »Maschinenstürmer« nun eigentlich gegen Maschinen? War ihr Aufbegehren Ausdruck von ohnmächtigem »Krawall«, wenn dort Freiheitsparolen und politische Begriffe laut wurden? [6] Dahinter verbargen sich nicht selten chiliastische Vorstellungen, und so könnte man vermuten, dass sich die Solinger Arbeiter mit den Gießereien eher symbolische Angriffspunkte suchten, der sie zwar eine Sündenbockfunktion für ihre materielle Not und Bedrohung zuschrieben, mit denen sie aber zugleich ein erpresserisches System der Entlohnung, das »Warenzahlen«, endgültig beseitigten wollten. Es war ein verhasstes System, dem etliche Handwerker ihr Elend und ihre Abhängigkeit von den Verlegern zuschrieben. Sie erreichten durch direkte Aktion und gewaltförmige Kampfmethoden das, was bürgerliche Sozialreformer und landrätliche Aufsicht in zahllosen Eingaben bei den staatlichen Behörden und beim Monarchen nicht vermocht hatten[7].

Bereits die ältere englische Forschung zum »sozialen Protest« weist vorsichtig auf die mögliche Erfolgsperspektive der Maschinenstürmer hin, wenn etwa der kürzlich verstorbene Historiker Eric Hobsbawm (1917–2012) feststellt, dass in der industriellen Revolution alle Kampfmaßnahmen als erfolgreich gelten müssten, die die Arbeiter vor dem Absinken unter die ‚Hungergrenze' bewahrte [8]. Wenn die Solinger Arbeiter in diesen beiden Tagen des Aufstandes einen Subsistenzkampf führten, dann ging dieser offensichtlich recht zielbewusst und im Gefühl der vollen Legitimität in direkte Aktion über. Schließlich kämpfte man für die Sicherung der Existenz bisweilen ums nackte Überleben.

Die Beteiligten verstanden es als Form legitimer Selbsthilfe und brachten dies auch auf Transparenten zum Ausdruck, die während des »Umzugs« im Anschluss an die Zerstörungen mitgeführt wurden: »Die Gießereien sind unser Unglück! Nieder mit den Warenzahlern!« Zuvor waren sie in die Fabriken eingedrungen mit dem Ruf nach »Freiheit, Gleichheit, Einigkeit, Brüderschaft, Republik« [9].

Drei Tage später berichtete die BARMER ZEITUNG sichtlich beeindruckt von diesem als bedrohlich empfundenen Arbeiteraufstand:

> *»Es war ein schrecklicher Anblick, diese Zerstörungsarbeit. Mit einer Kaltblütigkeit, einer Ruhe, die nicht zu begreifen ist, und die sich nur als das Produkt eines Wahnes erklären lässt, der den Unglücklichen das Bewusstsein der Rechtmäßigkeit ihres Beginnens vorspiegelte, ging dieselbe planmäßig vorwärts bis zum Abend. Die kostbarsten Waren wurden nach und nach aus den reichgefüllten Lagern herausgeholt, methodisch zerschlagen, unbrauchbar gemacht und liegen gelassen, oder in den Teich gefahren. Dabei waren denn Weiber und Kinder tätig mit einem Eifer, als gälte es guten Lohn und das Lob treuen rechtlichen Fleißes zu verdienen.«* [10]

Gerade die Planmäßigkeit, Ruhe und Methode des Zerstörungswerkes irritierte und erschreckte offenbar die Berichterstattung der Presse gleichermaßen. Zu sehr unterschieden sich die Solinger Ereignisse von den Aktionen der sogenannten Märzbewegung, die im Rheinland und in Westfalen eine weniger bedrohliche Qualität und vergleichsweise friedfertige Handlungsebene hatte, als dass sie anders als »das Produkt eines Wahnes« der zeitungslesenden Öffentlichkeit erklärt werden konnten. Der gewaltförmige Aufstand gegen soziales Unrecht, das sich im Selbstverständnis der Akteure als »gerecht« legitimieren konnte, musste in dieser Perspektive »wahnhafte« Züge tragen. Für den bürgerlichen Betrachter geschah schier Unglaubliches, das die Unruhen der Märztage in der näheren und weiteren Umgebung klar übertraf.

Zwar hatte bereits am 3. März 1848 eine Volksversammlung auf dem Kölner Rathausplatz den eilig zusammengetretenen Gemeinderat unter Druck gesetzt, eine Eingabe an den rheinischen Landtagsabgeordneten Ludolf Camphausen in Berlin zu beschließen, worin die Einberufung des Vereinigten Landtages, die umfassende Wahlrechtsänderung und Abschaffung der Zensur gefordert wurde; der örtliche »Bund der Kommunisten« aber hatte sich noch mit einer Arbeiterpetition begnügt, in der die Forderung nach allgemeinem Wahlrecht, allgemeiner Wählbarkeit, Pressefreiheit, Volksbewaffnung und Vereinigungsfreiheit laut wurde. Auch in der Stadt Elberfeld waren Anfang März 1848 die Dinge in Bewegung geraten. Auf Volksversammlungen am 6. und 9.3. wurden ganz ähnliche Forderungen wie in Köln gestellt, der Düsseldorfer Regierungspräsident vermutete »kommunistische Umtriebe« hinter dem Ruf nach Volkssouveränität, Volksbewaffnung und Verbesserung der Arbeits- und Lohnverhältnisse, und am 18.3. schien dann die Lage ähnlich wie tags zuvor in Solingen zu eskalieren, als nur noch Militär die Beschädigung einer Weberei durch aufgebrachte Arbeiter verhindern konnte. Und solche Übergriffe waren in Solingen – weitab der bekannten revolutionären Zentren – zu einer für Behörden und bürgerliche Öffentlichkeit erschreckenden und wohl auch überraschenden Realität geworden, die zwar von einem »neuen« politischen Vokabular begleitet, jedoch nicht auf Volksversammlungen vor dem Rathaus laut oder in Petitionen formuliert wurde. War dieses Zusammentreffen von bürgerlichen Politikbegriffen und proletarischer Selbsthilfeaktion in diesen Märztagen 1848 wirklich »neu«? Wenn ja, stellt sich die Frage nach den Ursachen.

Hausindustrie, Trucksystem und strukturelle Krise

Der obere Kreis Solingen, der aus sechs Bürgermeistereien bestand, lebte von der Schneidwarenindustrie. Zu bergig war die Gegend und zu wenig ertragreich der Boden, als dass eine landwirtschaftliche Nutzung lohnte. Vielmehr begünstigte der Waldreichtum und die zahlreichen Wasserläufe neben der Wupper als Energieträger die Ausbreitung des Klingengewerbes und der Schleifkotten. Innerhalb der Zunftverfassung waren die vier Handwerksgruppen vertreten, die hauptsächlichen Anteil an der Schwertherstellung hatten: Klingenschmiede, Härter, Schleifer und Schwertfeger oder Reider. In diesem arbeitsteiligen Prozess hatten die Schleifer eine Zwischenstellung, die sie in Abhängigkeit zu den vor- und nachbereitenden Handwerksmeistern brachte: Die Schmiede gaben das Rohmaterial zur weiteren Veredelung für Lohn aus, während die Schwertfeger und Reider, vom unmittelbaren Produktionsprozess befreit, bald ausschließlich Handel betrieben, zumal sie nicht durch Eid an Solingen gebunden waren[11]. Die Solinger Fabrik-Kaufmannschaft genoss schließlich das Privileg des exklusiven Handels mit heimischen Produktionen und betätigte sich bereits im 17. und 18. Jahrhundert überaus erfolgreich auf den Märkten in Amsterdam und Lüttich, wo immense Handelsgewinne zu erzielen waren. Die Aufhebung der Zunftverfassung im Zuge der napoleonischen Besetzung 1809 bedeutete für das Solinger Handelskapital und seine kommerziellen Anliegen keine Gefahr, wenngleich die freie Konkurrenz mit »ausländischem« Kapital doch sehr drückte. Das Friedensprinzip unter französischer Verwaltung blieb auch nach den Befreiungskriegen und der Eingliderung in den preußischen Staat erhalten. Dies hatte gravierende Auswirkungen auf das hausindustrielle Verlagssystem in der Solinger Messer- und Scherenindustrie.

Unter kaufmännischen Gesichtspunkten waren die Vorteile des Verlagssystems bestechend: Die Unternehmer benötigten nur geringes Kapital, um ihr Gewerbe zu betreiben. Die Arbeiter produzierten nicht in Fabrikgebäuden, sondern unmittelbar zu Hause. Die Verleger stellten weder Werkzeuge noch Maschinen, dafür sorgten die Produzenten selbst. Der Besitz eigener Produktionsstätten aber bedeutete nicht zugleich Selbständigkeit. Ganz allmählich waren die Kleinmeister des Gewerbes zu lohnabhängigen Arbeitern geworden, die weder über die Produktion noch über Löhne und Preise zu bestimmen hatten. 1845 wurde der größten Solinger Berufsgruppe, den Schleifern, durch die preußische Gewerbeordnung der Handwerkerstatus genommen. Sie arbeiteten im Auftrag der Verleger, die die Rohstoffe lieferten, welche zu bearbeiten und gegen Lohn wieder abzuliefern waren. Dieses System beließ den Kaufleuten flexiblere Möglichkeiten, die zu Lasten vor allem der Schleifer gingen. Mit dem alten Privilegiensystem waren zugleich dessen Schutzfunktionen gefallen. Das veränderte die Verhältnisse radikal. An die Stelle von Tarifübereinkommen und Lohnsatzordnungen waren die Mechanismen des Marktes und der freien Übereinkunft getreten. Noch in den Lohnkämpfen des 18. Jahrhunderts galten die Zünfte als wirkungsvolle Institution, um Arbeiterinteressen wenigstens einigermaßen abzusichern[12]. Löhne und Preise waren zumindest partiell der Entscheidungsgewalt der Handelsherren entzogen. Nunmehr waren vor allem die Schleifer gezwungen, ihre Arbeitskraft auch unter Wert anzubieten, weil sie von möglichen konjunkturellen Schwankungen am härtesten betroffen wurden. Bei gleichbleibend guter Konjunktur mochte das Verlagssystem für ausreichend Beschäftigung und Lohn sorgen, sinkende Preise aber wurden von den Kaufleuten direkt an die Arbeiter weitergegeben. Dieser Lohndruck wurde durch die Konkurrenz infolge des Überangebots an Arbeitskräften in diesem Gewerbe noch verschärft. Solidarisches Handeln war unter solchen Bedingungen schwierig, zumal unter dem Zwang des in Preußen geltenden Vereinigungsverbots jede legale Koordination unmöglich wurde und die Kommunikation unter den isoliert ihre Kotten betreibenden Arbeitern ohnehin erschwert war. Nach der Aufhebung der Zünfte als quasi-gewerkschaftlicher Interessenverband trugen also die einzelnen Produzenten der verschiedenen Produktionsstufen das volle Risiko der konjunkturellen Schwankungen, und dies bei wachsender Abhängigkeit des Gewerbes vom Weltmarkt. Die Modalitäten des Verlagssystems hatten eine Reihe ungünstiger Folgen. Die Entwicklung der Produktionstechnik, sonst zur besseren Kapitalverwertung ein geradezu unternehmerisches Muss, stagnierte in dem Maße, wie die Handwerker zwar über das »Knowhow«, nicht aber über das notwendige Kapital verfügten. Zwar gab es auch in Solingen den oftmals mythologisierten »Unternehmer-Tüftler«, der unermüdlich und asketisch mit der Verbesserung der Produktion experimentierte, er blieb jedoch eher die Ausnahme. Solche Stagnation führte zu Qualitätseinbußen und diese, trotz der Monopolstellung Solinger Schneidewaren auf deutschem Boden, zur hoffnungslosen Unterlegenheit vor allem gegenüber der englischen Konkurrenz auf dem Weltmarkt.

Eine Reihe von Faktoren spielten zusammen, die die bessere Qualität und Marktchancen zum Beispiel für Produkte aus Sheffield sicherten: Dies betraf bereits die Beschaffung der Rohstoffe (Eisen und Steinkohle), die von der englischen Handelskette und einem entwickelten Verkehrsnetz profitierte, so dass zentrale Fabrikbetriebe rentabel wurden, für die sich der Einsatz von Dampfkraft lohnte, zumal auf umgekehrten Wege der weltweite Absatz gesichert war. Die Einführung der freien Konkurrenzwirtschaft ließ die strukturelle Krise der Solinger Industrie sichtbar werden.

Die örtlichen Verleger-Kaufleute aber setzten zu ihrer Behebung nicht auf Innovationen, sie zogen es vor, die steigenden Kosten auf die Arbeiter abzuwälzen: Trucksystem[13].

Das Trucksystem (Warenzahlen), das als Stücklohn in der Hausindustrie lange vor dem 19. Jahrhundert eine Rolle spielte, war ein soziales »Drucksystem«, insbesondere gegenüber den unorganisierten Arbeitern. Diese wurden zunächst überwiegend, dann ausschließlich statt mit barem Geld mit Waren bezahlt. Da war es in der Perspektive der Verleger unerheblich, ob es sich dabei um Ramsch, Artikel fern des täglichen Bedarfs oder um schlicht Unverkäufliches handelte. Zu den beliebtesten Zahlungsmitteln gehörte Kaffee der miserabelsten Qualität, da vom Seewasser verdorben und andere Havarieware.[14]

Die Beschaffung von Bargeld gelang den so geprellten Warenempfängern nur, wenn sie diese Waren umsetzten, d.h. wiederum unter Preis verkaufen konnten. Dieses System war zunächst sicherlich keine Erfindung unternehmerischer Willkür, die aufgrund des Konkurrenzdrucks, um neue Märkte zu erschließen und alte Kunden zu halten, selbst Wechsel von langer Laufzeit und Warenentgelt akzeptierten und damit ihren Firmen liquide Mittel entzogen. Aber die Auswüchse dieses Systems in der ersten Hälfte des 19. Jahrhunderts lassen sich nur durch einen Lernprozess der Kaufleute und Fertigmacher erklären, die immer weniger aus finanziellen Verlegenheiten als aus unternehmerischem Kalkül handelten. Der Wert der zur Entlohnung stehenden Waren war frei taxierbar angesichts der herrschenden Abhängigkeitsverhältnisse, was nichts anderes hieß, als dass man höhere Preise anrechnete als es dem Anschaffungspreis entsprach. Eine »Waarenschau« von 1845 verdeutlicht, dass der »fiktive« Wert der Lohnwaren erheblich über den üblichen Ladenpreisen lag:[15]

*»**Waarenschau.***
Uebersicht der courantesten Waaren, womit die Solinger Winkel = oder Krämer = Fabrikanten die Arbeiter anstatt baaren Geldes bezahlen.

Erste Abtheilung
A. Gerberei = und Victualien = Waaren, und was damit gewöhnlich verkauft wird.

	Verkaufspreis der Krämer für baares Geld		Fabrikanten für die Arbeiter
	SG/Pf.		Sg/Pf.
1. Branntwein	pr.Maas	4=	8=-
2. Kaffee	pr.Pfd.	7=	10 à l2=
3. Muckefuck oder Kaffee	pr.Pfd.	2=	4=
4. Tabak	pr.Pfd.	4 =	6 =
5. Zucker, Candis	pr.Pfd.	6 =	4 =
6. do, Melis	pr.Pfd	3 à 6 =	4 =
7. Syrop	pr.Pfd.	2 = 6	4 =
8. Birnkraut	pr.Pfd.	2 = 6	4 =
9. Mehl	pr.Pfd.	1 =	1 = 6
10. Gerste	pr.Pfd.	2=	3=
11. Graupen	pr.Pfd.	1=6	2=4
12. Reis	pr.Pfd.	2=6	4=
13. Butter	3=6	8=	.
14. Käse	3=6	4=	6=
15. Pflaumen	3=6	2=	3=
16. Korinthen	3=6	3=	8=
17. Rosinen	3=6	3=	8=
(…)			
31. Pantoffeln	pr.Paar	13 à 15	25 à 30

Zweite Abtheilung
Manufactur = oder Ellenwaaren.

	Sg.Pf.		Sg.Pf.
1. Leinwand	pr. Elle	3 à 3 ½	5 à 7
2. Dasselbe blau gefärbt	pr. Elle	4 = 5	7 = 8

3. Baumwollen Tuch roh und pr. Elle 2 = 2 ½ 4 = 5
gebleicht; courant wie das tägliche Brod des Arbeiters
(…)

Dritte Abteilung

Verschiedene Luxus = und andere Waaren, Material u. (...)

Die heillose Wirksamkeit der mit Waaren zahlenden Winkelfabrikanten in Solingen umfasst in ihren wucherischen und betrügerischen Zahlungsmitteln, fast alle Gegenstände, welche, sehr wohlfeil zu erhandeln oder einzutauschen sind und dem armen hilflosen Arbeiter, nur auf irgend eine denkbare Weise mit List oder Gewalt, zu meistens ungeheuren Preisen aufgedrungen und aufgezwungen werden können.

Nachdem wir in den beiden ersten Abteilungen der Waarenschau, die Spezerei= und Ellenwaren mit ihren Durchschnittspreisen der Krämer und der Winkelfabrikanten angegeben haben, ist uns dieses bei den nachbemerkten Gegenständen ganz unmöglich, denn der Waarenzahler sucht solche mit allen Kniffen und Pfiffen alten und neuen Tauschungsmitteln, so theuer an den Mann zu bringen als nur möglich ist! – Dahin gehören:

a. Für Männer. – Alte und neue Kleider, Kittel, Hüte und Mützen, Hosenträger, Jagdgewehre, Pistolen, Jagdtaschen, Tornister, Regenschirme, Holz- und Lederschuhe, Stiefeln, Handschuhe, Tabakdosen, Beutel und Taschen, Tabakpfeifen, Stöcke, Taschenuhren mit allem Zubehör, Spiel= oder Musikdosen, Violinen, Gitarren u.

b. Für Weiber. –Wegen der großen Menge des leidigen Weiberplunders, müssen wir damit oben anfangen — Haar=, Frisir= und Locken = Kämme, ordinaire und bunte Haarnadeln, Locken = Hölzer, Haarpfeile, Ohrenwärmer, Sammet= und gewebte Stirnbänder, Spitzen = und Sammetmützen mit Band, Blumen und Federn, Ohrringe, Halsketten, Perlen, Korallen, Granaten, Bandrosetten, Fischus, Spitzen, Nessel = und Atlas = Kragen, seidene Bänder, seidene und Samment = Tüchlein, Broschen, Prangen, Agrement, seidene, baumwollene und Leder =Handschuhe, Handschuhalter, Manschetten, falsche und echte goldene Fingerringe, feine weiße Taschentücher, sammetene und seidene Beutel, Gürtelbänder und Schnallen, Schürzen, baumwollene, Merinos und wollene Strümpfe, Strumpfbänder, Stramin =, Lastins = und Lederschuhe, Schuhbänder.

Zu diesen krassen Diskrepanzen kam eine stetige »Verfeinerung« der Abhängigkeitsverhältnisse. So hielten zahlreiche Verleger-Kaufleute einen »Winkel«, einen Kramladen, von dem die Arbeiter ihre Waren beziehen mussten. Andere entwickelten ein System der Entlohnung durch Gutscheine, die bei Händlern einzulösen waren, die in enger Verbindung zu den Fabrikanten standen. Der häufige Zwang, im »Winkel auf Vorschuss zu kaufen«, verschärfte die Abhängigkeit und drückte die künftige Lohnerwartung: Arbeiterfamilien, die beim Krämer hoch »in der Kreide standen«, sahen aus ihrer Zwangslage keinen anderen Ausweg, als Arbeitsaufträge unter ungünstigsten Bedingungen zu akzeptieren. Solche Zwänge setzten sich in der arbeitsfreien Zeit fort; denn die Kaufleute gingen dazu über, Schankstuben einzurichten, in denen die Arbeiter ihren Lohn auch als Vorschuss in Form von Alkohol erhalten konnten und so in ein eng geknüpftes Netz von Abhängigkeiten gerieten, das sie zur freien Manövriermasse ihrer Arbeitgeber werden ließ.[16]

Der hohe Bevölkerungszuwachs vor allem des oberen Kreises Solingen in der ersten Hälfte des 19. Jahrhunderts – zwischen 1816 und 1849 erhöhte sich die Einwohnerzahl Solingens um 68,4%, in der gesamten Rheinprovinz dagegen lediglich um 50,2% [17] – sorgte überdies dafür, dass das Stahlwarengewerbe mit minder qualifizierten Arbeitern überfüllt war. Diese konnten selbständig Werkstätten eröffnen und brachten mit der Produktion von Billigwaren das überkommene Preisgefüge kräftig durcheinander. Angesichts solch ungünstiger Bedingungen im Zuge des verschärften Konkurrenzdruckes und dauernder Unterbeschäftigung berichtete 1847 die Solinger Handelskammer zur Lage in ihrem Bezirk , »dass unsere Kreisstadt Solingen von 6000 Einwohnern im vorigen Winter, wo der Volksstand bekanntlich einen hohen Grad erreicht hatte, circa 4000 arme Familien, also wohl ein Drittel der ganzen Einwohnerzahl aus Armenmitteln unterstützen musste. Die hiesigen Armenausgaben haben sich in den letzten zehn Jahren mehr als verdoppelt und es ist nicht zu leugnen, dass dieser Zustand ohne die totale Verarmung der Mittelklasse keine fünf Jahre fortbestehen kann«.[18]

Die Berichterstatter erstellten damit am Ende des Krisenjahres 1847, als vorangegangene Missernten auch in Solingen für eine drastische Verschlechterung der Lebensbedingungen gesorgt hatten, die Prognose einer fortschreitenden »Pauperisierung«, die bis auf wenige reiche Kaufleute und Grundbesitzer alle Bevölkerungskreise betraf. Damit war die Stadt von potentiellen sozialen Absteigern bevölkert. Diese ökonomische Entwicklung kann also durchaus erklären, dass die eingangs geschilderten Märzereignisse Ausdruck wachsender materieller Not und Verelendung war, aber nicht wann und in welcher Form der Protest dann tatsächlich losbrach. Warum etwa kam es nicht auf dem Höhepunkt der Subsistenzkrise von 1847, sondern erst nach deren Abflauen zu den erwähnten Aufständen? Warum richteten sich diese nicht direkt gegen die Exponenten des als ungerecht empfundenen »Drucksystems«, sondern gegen die vermeintliche industrielle Konkurrenz? Damit stellt sich neben dem Problem des Ursachenzusammenhangs die Frage nach den Motiven und dem Selbstverständnis der Akteure.

Ziele und Motive kollektiver Gewalt

Bei der Krise des Heimgewerbes vor allem der Textil- und Kleineisenproduktion handelte es sich um eine schleichende Krise, die mit dem Aufstand der schlesischen Weber im Juni 1844 einen spektakulären und blutigen Höhepunkt fand, der sich gegen Fabrik- und Handelsherren direkt entlud. Die historische Forschung zum »sozialen Protest« hat inzwischen mit älteren Erklärungsmustern des »Aufruhrs« gebrochen, die sich ausschließlich in den Kategorien »Not« und »Hunger« erschöpften. Aufruhr erschien in dieser, von dem berühmten englischen Historiker E.P. Thompson als »spasmodisch« bezeichneten Sichtweise vorwiegend als »Rebellion des Bauches[19]. Bereits für die Lebensmittelrevolte im England des 18. Jahrhunderts wies er aber hochkomplexe Formen direkter Volksaktion, Disziplin und klare Zielvorstellungen nach. Thompson stellte fest, dass es »natürlich richtig (ist), dass Unruhen durch starke Preissteigerungen, obskure Praktiken der Händler oder durch Hunger ausgelöst wurden. Doch diese Proteste bewegten sich im Rahmen eines volkstümlichen Konsens darüber, was auf dem Markt, in der Mühle, in der Backstube usf. legitim und was illegitim sei. Dieser Konsenses wiederum beruhte auf einer in sich geschlossenen, traditionsbestimmten Auffassung von sozialen Normen und Verpflichtungen und von den angemessenen wirtschaftlichen Funktionen mehrerer Glieder innerhalb des Gemeinwesens. Zusammengenommen bildeten sie das, was man die ‚sittliche Ökonomie' der Armen, die »moral economy of the poor« nennen könnte. Eine gröbliche Verletzung dieser moralischen Grundannahmen war ebenso häufig wie tatsächliche Not der Anlass zu direkter Aktion«[20].

In ihrer »sittlichen Ökonomie« bedroht fühlen mussten sich vor allem die Solinger Schleifer, die sich des Öfteren über ihre Benachteiligung gegenüber den anderen Berufsgruppen beklagt hatten[21]. Dies betraf vor allem die physischen und psychischen Kosten, die sie für die Intensivierung des Arbeitsprozesses durch die neueren technischen Entwicklungen zu zahlen hatten. Die Verbesserung der Wasserzufuhr und Transmissionsriemenanlagen verkürzten ihre, auf die Jahresarbeitszeit berechneten, durchaus eingeplanten Ruhephasen bei Wassermangel im Sommer und im Winter. Unter den Bedingungen des Zunftsystems waren solche Ausfallzeiten auf den Lohnsatz bereits mitberechnet und damit durchaus willkommen. Bei sinkenden Löhnen wurden sie aber nunmehr Existenz bedrohend. Das erschien nicht nur neu, sondern zutiefst ungerecht, denn es zwang den Schleifer zu härteren und weit längeren Arbeitseinheiten. Dabei waren die Auswirkungen des Verlagschleifens auf den Gesundheitszustand der Arbeiter eklatant. Wie selbstverständlich zählten Rheumatismus und Asthma zu den Berufskrankheiten der Schleifer, die selten das 40. »fast nie das 45. Lebensjahr« erreichten.[22] Die Solinger Schleifer galten als »kränkliches Geschlecht«, und der allgemeine Gesundheitszustand verschlechterte sich in der ersten Hälfte des 19. Jahrhunderts derart katastrophal, dass sich Fabrikinspektoren und Mediziner in einigen Publikationen darüber verbreiteten.

Im vollen Bewusstsein ihrer sich stetig verschlechternden Lage nahmen die Schleifer denn auch bereits in den sozialen Konflikten des Vormärz eine Schlüsselstellung ein. Anders als die übrigen, stärker isoliert arbeitenden Berufsgruppen hatten sie eine Vielzahl gemeinsamer Arbeitsgänge und damit kommunikative Zusammenhänge, die solidarischen Umgang miteinander förderten. 1826 setzten sie sich mit einem wohl organisierten Streik gegen den Lohnverfall trotz allgemein günstiger Konjunkturlage zur Wehr und hielten diesen immerhin einen Monat durch, bevor er durch einen Wetterumschwung beendet wurde[23]. Darüber berichtete der Landrat an den Regierungspräsidenten.

> *»In den letzten Tagen des Januars ward mir von einigen Schleifern der Solinger Fabrik, an deren Spitze der Schleifer Wm. Wüsthof aus Winsberg Gemeinde Höhscheid das Wort führte, geklagt, dass sie mit dem Arbeitslohn, welchen die Kaufleute (hier bekanntlich im Gegensatz zu den Arbeitern so genannt, obgleich letztere selbst auch häufig eigenen Verlag haben) ihnen zahlten, nicht mehr zureichen könnten, deshalb auf Wiederherstellung eines festen Lohnsatzes antrugen, wie früher unter dem bestandenen Privilegium der Fabrik festgesetzt gewesen seye. Ich suchte den Leuten begreiflich zu machen daß ein solcher Lohnsatz nicht anwendbar seye, weil 1tens nicht erwartet werden könne daß die Kaufleute sowohl als die Handwerker sich sämmtlich an selben binden wurden, dies 2ts. auch als Sache einer freien Übereinkunft fürs Privat Verkehr nicht wohl erzwungen werden könne, daß zudem 3ts. die Möglichkeit nicht bestehe eine Lohnsatzordnung zu entwerfen, weil die ungeheure Vielheit und Abwechslung der Artickel kaum eine Vollständigkeit zulassen würde, und 4ts. der Arbeitslohn mit dem Preis der ersten Lebensbedürfnisse sowohl als dem des Arbeitsmaterials (bei den Schleifern Steine, Öl, Schmirgel usw.) in Verhältnis gehalten, also sehr oft wechseln müsse, überdies 5tens sowohl wie Zeit und Zufall die der Arbeit und Bestellung bald mehr bald weniger herbeiführten, als von der Kunstfertigkeit und dem Reiße des Arbeiters abhängig bleibe, folglich ohne Ungerechtigkeit und Nachteil*

nie und nirgends gleich bestimmt werden könnte. Der Geist des alten geschlossenen Handwerks wäre aber in den Leuten vorherrschend als dass sie meine Worte verstehen wollten. Sie trugen einen Aufsatz umher wonach ein kaufmännischer Ausschuss gebildet werden sollte um mit einem Ausschuss der Schleifer zu unterhandeln, wie der Lohn reguliert werden möge. Viele Kaufleute waren schwach genug diesen Aufsatz zu unterzeichnen, ohne jedoch sich etwas festem verbindlich zu machen sondern immer mit dem Hinterhalte, die Schleifer auf hiesige Stelle zurückzuweisen, die doch einen lediglich vom freien Wille und vielen Zufälligkeiten abhängigen Privatvertrag weder zu schützen noch viel weniger zu gebieten vermag. Die Schleifer Deputation welche mit diesem Scriptum, etwas unruhiger als das erstemal zu mir kamen, wies ich daher mit mehr Ernst zurück, warnte sie sich vor Excessen und Willkür zu hüten, indem ich selbe mit einer passenden Belehrung entließe. Gleichzeitig stellte ich der Kaufmannschaft durch die Zeichen Commission in Ermangelung eines sonstigen Ausschusses anheim, mit den Schleifer im einzelnen nach Verhältnis auf einen billigen Lohn zu unterhandeln und die bewusste Prellerei mit Warenzahlungen, Abzügen und dergleichen, einzustellen, über welche Erbsünde fortwährend mit Recht geklagt wird, obgleich solche nicht gerade allgemein ist, da viele Handwerker mir versichern mit ihren Lohnbezahlungen ganz zufrieden zu seyn. Die Schleifer hörten nun teilweise auf zu arbeiten und wollten dadurch eine Lohnsteigerung erzwingen. Viele nur gezwungen von den Rädelsführern, welche ein paar Tage hindurch in geringen oder großen Haufen die Werkstätten besuchten und den Arbeitern teils ausdrücklich, häufig auch nur in versteckten Worten das Schleifen verboten oder abrieten, von manchen jedoch ohne Weiteres zurückgewiesen wurden, so dass der Widersetzungsgeist keineswegs allgemein ist. Sobald ich von diesen Vorfällen Kunde erhielte veranlasste ich dass die Art. 415 und 416 des Strafgesetzbuches den Handwerkern zur Kenntnis gebracht wurde, erforschte die Namen der Aufwiegler und trug den Bürgermeistern die Untersuchung Behufs weiterer gerichtlichen Belangen der Schuldigen auf, welche von den gedachten Beamten in ihrer Eigenschaft als judiziare Hilfsinstrumenten veranlasst werden muss. Gleichzeitig sandte ich Gendarmerie Patrouille von Opladen und Solingen aus nach den Schleifmühlen um einesteils die gutgesinnten Arbeiter gegen Störungen zu sichern und andernteils die Unruhestifter mit den bevorstehenden Strafen bekannt zu machen oder nach Lage der Sache zu verhaften. Auf mehreren Werken waren die Leute am arbeiten auf anderen nur aus Furcht einstweilen am Feiern. Die Rädelsführer waren müßig jedoch in geringer Anzahl bei verschiedenen Wirten versammelt, wo sie sich übrigens ruhig verhielten. Die Zeichen Commission hatte auf meine schon erwähnte Mitteilung eine Generalversammlung der Kaufmann-

schaft in Antrag gebracht worauf ich aber nicht eingehen kann, weil dies eine unzeitige Nachgiebigkeit verraten würde, die man in solchen Fällen durchaus nicht blicken lassen darf, ich auch keinen sichern Zweck davon erkenne, da sich wie erörtert ein allgemein anwendbares Lohnverhältnis nicht ermitteln und noch weniger durchführen lässt. Der Ernst, welcher die getroffene Maasregel zeigte, hat seines Erfolgs nicht gefehlt, gestern haben die meisten Anstifter des Tumults erklärt die Arbeit wieder beginnen und sich wegen des Lohnes verständigen zu wollen. Vorgestern! wäre jedoch auch unter den Messerschmieden in Wald der Geist der Unruhe rege geworden; indem sie gleichfalls das Arbeiten für den bisherigen Lohn untersagen wollten und in zahlreichen Haufen müßig umherzogen. Auf allen Ortschaften der gedachten Gemeinde, ward daher gestern mit Bezug auf die schon angeführten Artikel des Strafgesetzbuches eine Warnung mittels Schellenklang publiziert und heute Nacht eine Gendarmerie und Polizei Patrouille hingesandt die heute früh zurückkömmt und mir meldet alles in größter Ruhe gefunden, auch von den Arbeitern gehört zu haben dass ungeachtet des hie und da von einigen Umherzüglern gemachten Verbotes sie teils gar nicht aufgehört hätten zu arbeiten, teils unmittelbar nach dem ungebetenen Besuche damit wieder begonnen hätten. (...)« [24]

Für die Einschätzung dieses Arbeitskampfes im Jahr 1826 in Solingen ist es gewiss von Nachteil, dass hier lediglich die Perspektive der Behörden wiedergegeben wird. So möchte man zunächst annehmen, dass hier ein den damals neuen Grundsätzen der Gewerbefreiheit verpflichteter Landrat durchaus modern gegen die zünftlerischen Zielsetzungen der Solinger Arbeiterschaft argumentiert. Tatsächlich hatte diese sich mit ihrem Streik gegen die drückende Konkurrenz des ‚fortschrittlichen' neuen Systems gewehrt und eine Fixierung der Lohnsätze wie unter dem ‚alten' Privilegiensystem gefordert. Ob damit eher der »Geist des geschlossenen Handwerks« oder des »Klassenkampfes« zum Ausdruck kam, diese Frage mag für die Verwalter einer Tradition der Solinger Arbeiterbewegung von Interesse sein. Bedeutsamer erscheint in diesem Zusammenhang die Beobachtung, welcher Mittel sich die Solinger Arbeiter bedienten, um ihre Forderungen durchzusetzen: Streik und Petition an einen Repräsentanten des preußischen Staates. Bedeutsam auch für das spätere Verhalten in der 48er Protestbewegung waren die Erfahrungen, die sie in diesem Arbeitskampf machten: Die Einsicht, dass der Appell an die Behörden erfolglos blieb, soweit man darauf vertraute, der Staat werde künftig Schutzfunktionen übernehmen. Tatsächlich bemühte sich der Landrat um eine »neutrale« Position und stärkte damit die Interessen der Solinger Kaufleute. Alphons Thun berichtete: »Als nun alle staatlichen Behörden nicht Hülfe brachten, nahmen die Schleifer ihre Angelegenheit in die eigene Hand; wie weiland ihre privilegierten Väter stellten sie die Arbeit ein und terrorisierten die willigen Genossen. Diesmal stand aber der wirtschaftlichen Übermacht der Kaufleute auch die militärische Gewalt des Staates zur Seite; Patrouillen wurden ausgeschickt und allmählich gingen die Schleifer wieder an die Arbeit« [25].

1826 verlief also die Verteidigung der »moral economy« durch die Solinger Schleifer angesichts der Auflösung traditioneller Solidarstruktur und Schutzfunktion vor dem Hintergrund einer Verschärfung des alltäglichen Lebens- und Arbeitszusammenhangs durch Konkurrenz. Sie wandte sich zunächst mit Bitten an den Staat und geriet durch den Militäreinsatz an ihre Grenzen.

Eine Generation später gingen die Solinger Arbeiter radikaler vor. Dazwischen aber lagen weitere Erfahrungen und Lernprozesse, die sie in den sozialen Konflikten des Vormärzes machten. Einerseits griff man in Solingen, wenn man den Polizeiakten Glauben schenkt, immer wieder zum Mittel der Selbsthilfe, um angesichts saisonal schwankender Preise und Löhne die Existenz zu sichern. Gerade im Winter kam es immer wieder zu Diebstahldelikten, tätlichen Übergriffen und auch größeren Raubzügen[26]. Angesichts der Auswüchse des Warenzahlens wandten sich die Solinger Arbeiter aber auch wieder an staatliche Behörden, lernten den Instanzenweg kennen und suchten wie 1830 ihrem legalen Protest auf einer höheren Verwaltungsebene Gehör zu verschaffen.

> *»Solingen, den 31ten August 1830*
> *Unterdienstliche Bitte, zur Erhaltung einer Fabrikverfassung der Solinger Fabriken, von Seiten der unterzeichnenden Fabrikarbeiter.*
> *Hochwohlgeborener Herr Präsident*
> *Das Bedürfnis einer gehörigen Fabrikverfassung der Solinger Fabriken, ist wohl nie nöthiger gewesen als jetzt. Die willkührliche Behandlung, wie die Fabrikarbeiter jetzt behandelt werden, sind von der Art, daß die Befragten nicht mehr wißen, was sie verdienen, noch was sie für ihre verfertigten Fabrikate erhalten. - Verschiedene malen sind Versuche eingeleitet worden, um eine Fabrikverfassung zu bezwecken; allein leider ist bis hierhin nichts für uns erfolgt; bis wir uns in unserer Noth gezwungen fühlten, unsere Beschwerdeführung zu den Sockeln des Thrones seiner königlichen Majestät gelangen zu lassen ... Allerhöchst derselbe haben gewürdigst geruht, uns davon zu benachrichtigen, deswegen einen Bericht von der hiesigen Behörde einzufordern. Die Unterzeichneten bitten daher Euer Hochwohlgeboren unterdienstlich, im Namen der hiesigen Fabrikarbeiter, daß Hochdieseiben doch besser zeigen, dass so viele arme Fabrikarbeiter jetzt kaum mehr im Stande sind, ihr tägliches Brot für sich und ihre Familien zu erwerben, daß uns doch dazu verholfen würde:*

1 tens Daß ein eigenes Fabrikengericht organisiert, dass zugleich Aufsicht über die Qualität der Fabrikate fuhrt.
2 tens Daß keiner als Meister arbeiten dürfe, der sich nicht vorher mit einem guten Stück Arbeit als Meister qualifiziert hat.
3 tens Einen bestimmten Lohnsatz für die verfertigte Arbeit, der nach dem Steigen oder Sinken der Materialien festgestellt wird, und
4 tens Baare Bezahlung für die verfertigten Fabrikate und nicht mit Waren, oder zu 5 pro Cento Abzug.
Wie dieses am besten für die hiesigen Fabriken ist, überlassen wir Euer Hochwohlgeboren weisen Einsicht...
Peter Wolferz
Isaac Klauberg[27]

Man stößt auf die bereits hinlänglich bekannten Forderungen nach festen Tariflöhnen, um die Preiskonkurrenz der kleinen Kaufleute abzudämpfen. Daneben petitionierten die Solinger Arbeiter wiederholt gegen die Missstände des Warenzahlens bis schließlich 1843 der Provinzial-Landtag eine Stellungnahme verabschiedete, mit der man einen Eingriff in die privatrechtlichen Verhältnisse (= Verbot des Warenzahlens) förmlich ablehnte und die Hoffnung ausdrückte, »dass ein wucherisches Benehmen einzelner Fabrikherren gegen ihre Arbeiter durch die öffentliche Meinung gebrandmarkt, (...) endlich ganz aufhören werde«[28].

Neben der bereits bekannten Zurückhaltung gegenüber wirksamen Eingriffen zugunsten der Solinger Arbeiter von höchster Stelle kommt in dieser Stellungnahme jedoch eindeutig die Politisierung der Lage durch eine bürgerliche Öffentlichkeit zum Ausdruck. Tatsächlich war es in den vierziger Jahren in der Presse zu hitzigen Debatten über die sozialen Missstände und Auswüchse des Trucksystems gekommen. An die Spitze des Protestes hatte sich der Solinger Waffenfabrikant Peter Knecht gestellt, der seit 1845 in der Elberfelder Zeitung unter dem Pseudonym »Immerwahr« eine Artikelserie »Nebelbilder« veröffentlichte, die er mit der düsteren Metapher »Nebelbilder aus Solingen« überschrieb und die zu erregten Leserbriefduellen in der lokalen Presse führten, je schonungsloser Knecht mit der Skrupellosigkeit Solinger Verleger abrechnete. In einem dieser Nebelbilder Mitte des Jahres 1845 hieß es:

»Manches durchtriebene Subjekt, das zu faul war, um zu arbeiten, andere, die im wilden Kriegsleben die Lust zum Arbeiten verloren hatten, wurden Handelsleute oder sogenannte Fertigmacher. – Erstere, meistens ein vagabundierendes Schacherleben führend, kauften alle möglichen ... verdorbenen und aus der Mode gekommenen Waaren und Luxusartikel zusammen, wogegen sie vom Arbeiter

... vielfach auf den Betrug fertig gemachte Solinger Fabrikate eintauschten, und dann als gute Waaren wieder verkauften. - Die Fertigmacher, kleine Fabrikanten, welche für größere Häuser Solinger Waaren fabriziren ließen, hielten klebe Kram-. Spezerei-, Viktualien-Läden und Branntweinschänken und der arme Arbeiter, der von diesen Leuten selten oder nie einen Groschen Geld erhalten konnte, wurde nur mit Waren, Lebensmitteln und allem nur denkbarem unnützen Luxusplunder bezahlt - alles wie es sich von selbst versteht, möglichst schlecht und zu den höchsten, oft doppelt und dreifach theuren Preisen. Manche Fertigmacher wurden bei diesem Wucher und ... Geiz ... in kurzer Zeit reiche Leute und vornehme Fabrikherren ... Hatte einer (der) Fertigmacher das Unglück, durch Schulden in die Hände eines schlauen, wucherischen Kaufmans zu fallen, von dem er die Waaren für seinen Laden oder Winkel kaufte, dann wurde er das blinde Werkzeug der unersättlichen Habsucht, indem er jetzt selbst oft die schlechtesten Waaren zu den theuersten Preisen annehmen mußte, die er dann natürlicherweise dem armen Arbeiter zu noch viel höhern Preisen aufzudringen gezwungen war! (...) Aus diesen und vielen ähnlichen ... Verhältnissen (kann man verstehen), warum das leidige Waarenzahlen von so vielen und oft angesehenen Leuten, eifrig in Schutz genommen und vertheidigt wird! Man kennt Handelshäuser, welche an dem Verkaufe der Waaren an die Solinger mit Waaren zahlenden Fabrikanten und Fertigmacher jährlich viele tausend Thaler verdienen sollen. Mehrere, welche das Waarenzahlen nicht selbst betreiben wollen, hatten ihre Kasse bei Verwandten oder Gehülfen, wo der Arbeiter seinen Lohn wohl in Waaren, aber selten oder nie Geld erhalten konnte. – Andere schlossen einen Vertrag mit einem Krämer, der die Bezahlung an die Arbeiter (natürlich nur in Waaren) übernahm, und genossen darauf einen oft sehr bedeutenden Rabatt. – Der schlimmste und schädlichste Waarenzahlungsunfug, der auch den größten Gewinn abwirft, ist unstreitig das Branntweinschenken der Fabrikanten. Man gab dem Arbeiter oft nur für einen Tag Arbeit, damit er täglich die Branntweinkneipe, durch welche gewöhnlich der Weg in das Komptoir oder in die Packstube führt besuchen und Branntwein trinken muß; man ließ dort die armen Leute so lange als möglich warten, um recht viel zu trinken; wer am meisten trank, bekam die meiste Arbeit, und es soll selbst den Arbeitern nicht nur unbestellt, sondern auch Weibern und Kindern Branntwein gereicht worden sein. (…) Viele Ehrenämter der bürgerlichen Verwaltung, der Kirche, des Schul- und Armenwesens, wurden mit den ehemals geächteten Waarenzahlern überfüllt, und kurz gesagt: Macht, gewalt und Einfluß gingen in die Hände dieser Leute über! (…)

Jetzt ist es … soweit gekommen, daß wohl neun Zehnteile unserer … Kaufleute und Fabrikanten (Darunter … mancher … brave Mann, der durch die Noth einer unredlichen konkurrenz zu dem schandgewerbe gezwungen) bei dem Waarenzahlungswucher direct oder indirect beteiligt sind. – Es fehlt nur sehr wenig daran, dann sind alle Solinger Fabrikgeschäfte in den Händen der Waarenzahler, und die rbeiter sind mit wenig ausnahmen so tief in Armuth … und Abhängigkeit versunken, um es unter den jetzigen noch bestehenden Verhältnissen jemals wagen zu dürfen, frei und selbständig, den Schutz der Gesetze gegen das Waarenzahlen in Anspruch zu nehmen! – Der Arbeiter, welcher dieses wagte, würde wohl wie geächtet überall vergeblich Arbeit und Brod suchen (…)« [29]

Die Gegner des Warenzahlens kamen also auch aus dem Lager der Fabrikanten, und sie handelten nicht aus altruistischen und philanthropischen Motiven, sondern aus kaufmännischem Kalkül. Knecht bekämpfte das Trucksystem in Solingen, da er angesichts zunehmend unkontrollierter Konkurrenzverhältnisse um den Erfolg der eigenen Geschäfte fürchtete. [30]

Als weitreichender erwies sich vielmehr der Umstand, dass über vereinzelte Wahrnehmungen hinaus die sozialen Konflikte vor Ort zum Gegenstand einer regional ausgeweiteten Öffentlichkeit wurden, damit eine zunehmende Politisierung erfuhren, die an die Basis zurückreichte und das Bewusstsein der Betroffenen prägte. Das Solingen der »hungry forties« (Hamerow) war auch ein Ort des öffentlichen Streites über die sozialen Kosten der Konkurrenzwirtschaft, in dem sich der aufgestaute Unmut artikulieren konnte. Diese »politische Kultur der Straße« und der Schankwirtschaften profilierte sich im Zusammenspiel mit der lokalen Presse und drängte auf effektive Lösungen, zumal davon auszugehen ist, dass der Elberfelder »Gesellschaftsspiegel«, eine verbreitete sozialkritische Zeitschrift von Moses Heß herausgegeben, auch in Solingen gelesen wurde und zur Politisierung der Lage beitrug. Mochte die direkte revolutionäre Agitation am eher verkehrsabgewandten Solingen auch vorbeigegangen sein, die Nachrichten und Gerüchte vom revolutionären Aufbegehren in den preußischen Metropolen, in Baden und vor allem in den benachbarten Städten Köln und Elberfeld, ja sogar im märkisch provinziellen Iserlohn erreichten auch die Bevölkerung des Bergischen Landes und stießen auf ein lange aufgestautes Protestpotential, das sich schließlich mit einiger Verzögerung in den Gießereizerstörungen entlud.

Dass sich die Aktionen Solinger Arbeiter zunächst gegen die Konkurrenz der großen Gießereibetriebe richteten, mag mit der Sündenbocktheorie erklärbar sein. Plausibler aber scheint es anzunehmen, dass die Solinger Schmiede und Schleifer mit den Gerechtigkeitsvorstellungen ihrer »sittlichen« Ökonomie die Herstellung von Gussware, mit der preislich nicht zu konkurrieren war, als Betrug an ehrlicher Arbeit auffassten, solange die verhassten Konkurrenzprodukte nicht eigens gekennzeichnet oder gar für geschmiedete Ware ausgegeben wurde.

Der eigentliche Erfolg der Aktionen stellt sich vielmehr indirekt, dafür aber umgehend ein: Wenige Tage nach den Unruhen veröffentlichten zahlreiche Fabrikanten in groß aufgemachten Annoncen der örtlichen Zeitung ihre Bereitschaft, die Praxis des Warenzahlens künftig einstellen zu wollen. Sie befürchteten zu Recht, dass ihre Winkel und Kontore die nächsten Ziele von Übergriffen sein würden und traten die Flucht nach vorn an. Damit war die gewaltsame Verteidigung der moralischen Grundannahme, dass niemand aus der Not des Anderen Profit ziehen dürfe, erfolgreich. E.P. Thompson schreibt: »Der Durchbruch der neuen politischen Ökonomie des freien Marktes war zugleich der Zusammenbruch der alten, sittlichen Ökonomie der Fürsorge«[31]. Die Fabrikzerstörungen in Solingen im März 1848 waren dieser noch weitgehend verpflichtet, sie wurden aber begleitet von durchaus politischen Begriffen, deren Anwendung weniger von »Verwirrung« als von überlebensnotwendiger Übersetzung »ins Materielle«[32] zeugt und das Selbstverständnis der Betroffenen kennzeichnet: Freiheit von Willkür und Abhängigkeit, Gleichheit der Arbeitsbedingungen, Sicherheit der Löhne und damit der Existenz. Dieses Selbstverständnis beruhte auf den Erfahrungen und Lernprozessen früherer Arbeitskämpfe, die die »Politikbildung von unten«[33] begleitete. Es bedurfte dieses Prozesses und der revolutionären Euphorie der Märztage, damit militante Selbsthilfeaktionen als momentaner, aber gezielter Ausbruch aus der Alltagsnot des Vormärzes zum Auftakt der Revolution in Solingen werden konnten.

Der Politisierungsprozess

Anders als in den Großstädten der Rheinprovinz hatte sich in der Zeit des Vormärz eine politische Opposition in Solingen noch nicht zu Wort gemeldet. Begreift man die spontane Volkserhebung im März 1848 als Teil einer Basisrevolution, die der achtundvierziger Politik erst zum Durchbruch verhalf, so stellt man das Fehlen einer bürgerlichen Erhebung fest, die in den Märztagen durch Protestversammlungen und Resolutionen an anderen Orten eine wichtige Handlungsebene der Revolution bildete. Nicht so in Solingen. Hier vollzog sich eine Politisierung der unterbürgerlichen Schichten und ihres provinziellen Alltags erst später und allmählich im Verlauf der Institutionalisierung und Verrechtlichung der Revolution durch Wahlen zu den neuen Parlamenten und durch politische Vereinsgründungen. Dieser Politisierungsprozess, von dem sich die elementaren und autonomen politischen Artikulationsmuster der Solinger Arbeiter unterschieden, verlief seit den Märzereignissen überall auf den Ebenen der Mobilisierung in Wahlkämpfen und der Interessenorganisation in politischen Vereinen und

Handwerkerbrüderschaften. Hier wurden gesellschaftliche und ökonomische Probleme öffentlich gemacht, politische Lösungen angestrebt und Prinzipien der Mitbestimmung »volkstümlich« verbreitet. Damit waren grundlegende Lernprozesse verbunden, und wir sprechen im Folgenden von einer Fundamentalpolitisierung.

Wahlkämpfe

Der Kreis Solingen durfte in die zu wählenden Parlamente nach Frankfurt und Berlin einen, beziehungsweise zwei Vertreter entsenden, musste aber mangels ausreichend profilierter und qualifizierter Köpfe, die ihre politischen Aktivitäten unter Beweis gestellt hätten, auch auf auswärtige Kandidaten zurückgreifen. Zur Wahl standen u.a. der Bonner Professor Ernst Moritz Arndt, Finanzminister David Hansemann, Geheimrat Hesse aus Berlin und der Krefelder Hermann Beckerath. Aus Solingen stellten sich der Waffenfabrikant Peter Knecht, der Landrat Graf von dem Bussche-Kessell, der Landwirt Johann Müller zu Imbach, der Handelskammerpräsident Gustav Weyersberg und Kommerzienrat August Schnitzler, also in der Mehrzahl heimische Kaufleute zur Wahl. Damit wählte Solingen weitgehend konservativ-liberal. Als stramm konservativ konnten vor allem der Landrat und der Berliner Geheimrat Hesse gelten, während der bereits bekannte Kritiker des Trucksystems, Peter Knecht, ebenso philanthropisch wie monarchisch ausgerichtet war und damit der alt-deutschen Gesinnung eines Ernst-Moritz Arndt nicht fern stand. So dominierte in den Aufrufen zur Urwahl am 1. Mai königstreues und ordnungsliebendes Pathos. Aber es gab auch andere Stimmen, die sich in der lokalen Presse zu Worte meldeten. Ende April stellte ein »Einsender« im »Kreis-Intelligenzblatt« die Frage: »Wen wählen wir?« [34].

Der Wahlaufruf blieb anonym, brachte aber eindeutig die Forderung nach einer gewählten Vertretung von Arbeiterinteressen zum Ausdruck, der sich nach den Urwahlen Wahlmänner wie der Solinger Carl Friedrich Jüngel anschlössen, der sich zum Sprecher der heimischen Arbeiterschaft machte und gleich gesinnte Wahlmänner dazu aufforderte: »Männer aus ihrer Mitte und zwar einen wenigstens aus dem Arbeiterstande, der die praktische Erfahrung der niederen Stände kennt, einen gesunden Menschenverstand und ein schnelles Auffassungsvermögen besitzt, dabei ein anständiges Rednertalent hat, um seine Gesinnung vorzutragen und möglichst mit Energie durchzuführen, zu wählen.«[35]

Dennoch deutete bei diesen ersten Wahlen zu den verfassungsgebenden Parlamenten im Frühsommer 1848 nichts auf eine demokratisch-republikanische Aufladung des Protestpotentials der Märztage und der Arbeiterschaft. Dieser Wahlkampf war weitgehend Sache des konstitutionellen, monarchietreuen Bürgertums, die als örtliche oder auswärtige Honoratioren vom indirekten Wahlmodus profitierten, der in Preußen praktiziert wurde. Und wenn es schon an lokalen Größen in Solingen mangelte, welcher Arbeiter, Tagelöhner, Geselle mochte den in Jüngels Wahlaufruf postulierten Eigenschaften und politischen Erfahrungen genügen und darüber hinaus die nötigen Geldmittel zur Wahrnehmung eines Mandates aufbringen. Tatsächlich lebte ein hoher Prozentsatz der männlichen Solinger Bevölkerung von der Armenunterstützung, und diese waren somit durch das preußische Gesetz vom 18. April, das als immerhin vergleichsweise liberal galt, vom aktiven Wahlrecht ausgeschlossen [36].

Die Profilierung und Polarisierung politischer Parteien erfolgte erst im Laufe der folgenden Monate, als sich die Schicht der politisch Aktivierten verbreiterte, differenzierte und organisierte. So unspektakulär dieser erste Wahlkampf in Solingen auch verlaufen war, hier wurde zum ersten Mal die Erfahrung gemacht, dass Politik durchaus »volkstümlich« sein oder werden konnte.

Bereits der nächste Wahlkampf im Kreis nach dem Staatsstreich vom November 1848 zu den für Januar 1849 anberaumten Neuwahlen zur zweiten preußischen Kammer hatte eine andere Qualität. Im Vergleich zum Frühsommer 1848 wurde dieser wesentlich härter und intensiver geführt, von persönlichen Angriffen, Polemiken und Verleumdungskampagnen begleitet, die die zunehmende Polarisierung von bürgerlichen Konstitutionellen und kleinbürgerlichen Demokraten ebenso zum Ausdruck brachte, wie die Versuche des demokratisch-republikanischen Lagers, sich in der Solinger Arbeiterschaft einen Einflussbereich zu sichern.

Politische Vereine

Die Urwahlen zu den Abgeordnetenhäusern im Frühsommer 1848 setzten spontan politische Energien frei, die sich kurzfristig, zwei Tage vor der Wahl in der Gründung des »politischen Clubs« niederschlug, welcher »alle dem zeitigen Fortschritt huldigenden Männer, ohne Unterschied des Standes«[37] versammeln sollte. Dies war revolutionäres Recht, das im Vormärz so lange vorenthalten geblieben war. Die Gründung dieses demokratischen Vereins, so gering seine Außenwirkung in den ersten Monaten auch sein mochte, mobilisierte alsbald das konservative und konstitutionelle Lager. Das Kreisintelligenzblatt reagierte polemisch. »Früher wurde unter Klub entweder eine Räuber-Bande oder eine Gesellschaft dem Staate gefährlicher Menschen verstanden«, notierte es süffisant mit Blick auf seine Leserschaft[38]. Konkrete Aktivitäten der Demokraten blieben ansonsten unerwähnt. Im Oktober gründete sich der konstitutionelle »Bürgerverein«, der sich entschlossen gab, »allen Versuchen der Reaction sowie des Republikanismus durch gesetzliche Mittel aufs entschiedenste entgegen zu treten.«[39]

Damit hatten sich in Solingen Parteien gebildet, die künftig die politische Willensbildung zu mobilisieren, zu strukturieren und zu kanalisieren suchten.

Die politischen Geister schieden sich recht bald an der Tagespolitik. Während der »Bürgerverein« den preußischen Staatsstreich im November 1848 (Ernennung des reaktionären Ministeriums Brandenburg, Auflösung der Zweiten Kammer und Verfassungsoktroy durch Friedrich-Wilhelm IV.) als – wenn auch traurige – Notwendigkeit billigte, riefen die Demokraten Mitte November auf einer Volksversammlung zur Steuerverweigerungskampagne auf. Demgegenüber erklärte der Bürgerverein »seine entschiedene Entrüstung über die von dem noch immer fort tagenden Teile der Nationalversammlung ausgesprochene Steuerverweigerung, indem diese Maaßregel darauf berechnet ist, die Krone zu jedem Nachgeben zu zwingen, und in ihrer Ausführung ganz geeignet sein würde, die Brandfackel der Anarchie ins geliebte Vaterland zu schleudern, den Bürgerkrieg zu entzünden, und somit den Staat ins Verderben zu stürzen«.[40]

Soweit waren die Stellungnahmen der Parteien Reflex auf die Ereignisse im Zentrum der Revolution. Die Aktivitäten vor Ort, gleichsam an der Peripherie, nahmen sich dagegen bescheidener aus. Die Steuerverweigerungskampagne, zu der die Berliner Nationalversammlung aufgerufen hatte, scheiterte in Solingen kläglich als ihren Propagandisten die Pfändung drohte. Und die Abgeordnetenwahlen im Januar 1849, zu denen sich ein »demokratisches Wahl-Comitee« gebildet hatte, endeten mit einer empfindlichen Niederlage.

Die Lehre, die die Solinger Demokraten, an deren Spitze ein Braumeister und ein Stahlwarenkaufmann standen, aus diesen Niederlagen zogen, lag in einer veränderten Strategie zur Ausweitung ihrer Basis: mit der Gründung von Zweigvereinen in den umliegenden Landgemeinden zielten sie auf eine Mobilisierung der Arbeiter des Stahlwarengewerbes, die vorwiegend nicht in der Kreisstadt lebten. Diese Reorganisation des Vereins vollzog sich im März 1849 im gesamten Kreisgebiet. Die Zweigvereine gaben sich eine einheitliche Organisationsstruktur und luden zu regelmäßigen Sitzungen, auf denen die lokalen Probleme der Arbeiterschaft ebenso diskutiert wurden, wie Fragen der Menschenrechte und der aktuellen Tagespolitik. Erst diese Reorganisation weckte das Interesse der Behörden, deren Berichte zur Lage die wachsende Politisierung der Bevölkerung im Kreis bezeugten. Am 1. Mai 1849 teilte der Höhscheider Bürgermeister dem Landrat die »öffentliche Stimmung« betreffend mit:

»Diese läßt sich nach meiner Meinung in der Jetztzeit nur von einem politischen Standpunkte aus beurtheilen, in dessen Kreis sogar Interessen außer unserm

Vaterlande eingezogen werden, an denen eine allgemeine Volkstheilnahme sich offenbahrt, die man nicht hat ahnden können. - Indessen dürfen uns diese keine ängstliche Besorglichkeit machen, daß dadurch für die öffentliche Sicherheit Gefahr entstände: denn unter Volkssinn hat etwas biederes in seinem Charakter und ein Vertrauen zur Landesregierung, daß seine Wünsche billige Berücksichtigung in der zu schaffenden Verfassung finden würden. Leider gibt es einzelne Dränger, die zuweilen Unkraut säen, die Gemüther aufregen, in Vereinen die Stellung unseres Volks zu verrücken scheinen deren Einfluß man d. 18. März fürchtete, wozu auch Scheingründe. Allein diese politischen Klubs, wie man sie nennt, zählen aber eine solche Menge Mitglieder, deren gesunder Sinn erkennt, daß nur durch Ruhe, Ordnung u. Gesetzlichkeit beobachtet, die Verbesserungen unserer Zustände geschaffen werden können, deren Uebermacht das rohe Gesindel, welches sich unter sie mischt, niederhält. Ich möchte es zur Aufrechterhaltung der Ordnung für zuträglich halten, wenn verständige Männer, die das Vertrauen des Volks besitzen, an diesen Gesellschaften zuweilen theilnehmen und falsche Begriffe pp. zu berichtigen. So höre ich, man hält Vorträge über allgemeine Menschenrechte. Ein wichtiges und nicht zu verwerfendes Thema. Aber hierbei kann leicht zu weit gegangen werden, daß man auf Kosten der Pflichten die Rechtsgrenzen überschreitet u. schadet, wo man nützen wollte.«[41]

Dieser Bericht des Bürgermeisters Höfer an den Landrat als unterste Ebene der Staatsaufsicht ist in vielerlei Hinsicht interessant und mehr als allmonatliche Routine. Zum einen lässt Höfer darin zwischen den Zeilen eine gewisse Sympathie mit demokratischen Bestrebungen anklingen, was auch 1849 für einen preußischen Landgemeindebürgermeister gegenüber seinem direkten Vorgesetzten immerhin ungewöhnlich war. Tatsächlich zählte er zu den »gemäßigten« Demokraten und hatte mit feierlicher Rede zuvor einen Ortsverein eröffnet. Darüber hinaus kommt in diesem Bericht die trügerische, aber echte Hoffnung eines politisierten Kommunalbeamten zum Ausdruck, der König werde die Kaiserwürde und deutsche Reichsverfassung annehmen, für die die örtlichen demokratischen Vereine so heftig agitiert hatten. Bezeichnend aber sind die Ausführungen des Bürgermeisters über den Grad der Politisierung in seiner Kreisgemeinde. Deren Intensität sei unvorhersehbar gewesen und nur mit einer gewissen Rädelsführertheorie zu erklären. Dem so genannten Volkssinn attestiert er einen »biederen Charakter«, der die öffentliche Sicherheit kaum zu gefährden vermöchte. Dennoch ahnt diese amtliche Wahrnehmung einen durchaus bedrohlichen Transformationsprozess, durch den die materiellen Forderungen des »rohen Gesindels« mit republikanischen Zielen eingelöst werden könnten. Dies deutet auf Rezeption und Verbreitung radikaldemokratischer Ideen und Programme in gesellschaftlichen Schichten, deren

Protestpotential ein Jahr zuvor noch mit der direkten Aktion gegen die Gießereien gleichsam eine Abstraktionsstufe niedriger lag. Immerhin sei es geboten – so der Bürgermeister – etwa in Debatten zum Thema »Menschenrechte«, wie sie von »politischen Klubs« veranstaltet wurden, »falsche Begriffe pp. zu berichtigen«. Die amtliche Wahrnehmung bezeugte damit die Breite des Politisierungsprozesses im Kreis Solingen seit den Fabrikzerstörungen des Vorjahres, wobei es sich angesichts der Nähe des Berichterstatters zum Geschehen kaum um behördliche Projektionen gehandelt haben dürfte. Das Revolutionsjahr hatte also eine Fundamentalpolitisierung vorangetrieben und das Zusammentreffen einer sich entwickelnden bürgerlichen politischen Kultur mit dem lokalen Potential sozialen Protestes ermöglicht.

Handwerkerbrüderschaften

Die Etablierung einer bürgerlichen Öffentlichkeit und deren Wahrnehmung der »sozialen Frage« in Solingen hatte im Anschluss an die gewaltsamen Märzereignisse eine Kanalisierung des Protestes zum Ziel. Während die Behörden nach den »Rädelsführern« der Zerstörungen fahndeten, suchten bereits Ende März 1848 Solinger Fabrikanten, angeführt von Peter Knecht, und einzelne Stahlwarenarbeiter nach kooperativen Lösungen der katastrophalen wirtschaftlichen und sozialen Situation: auf Anregung des Düsseldorfer Regierungsrates Quentin wurde eine Kommission aus 17 Arbeitern und Fabrikanten gewählt mit dem Ziel, »die bestehenden Missverhältnisse zu beraten und namentlich die Lage der Arbeiter zu verbessern.«[42]

Peter Knecht (1798–1852)

An die Spitze dieses Gremiums wurde mit Knecht ein politisch unverdächtiger Kaufmann gewählt, der aus seiner strammen Königstreue keinen Hehl machte, sondern vielmehr eine glühende Verehrung für den Monarchen im Pathos seiner Eröffnungsrede zum Ausdruck brachte. Solcher Systemkonformismus war durchaus vereinbar mit sozialpolitischem Engagement. Soforthilfe für Arme und Arbeitslose, Erhöhung der Arbeitslöhne, Abschaffung des Warenzahlens, regierungsamtlicher Schutz für Solinger Produkte, Ursachenforschung der wirtschaftlichen Misere, vor allem aber die Organisation von Handwerkerbrüderschaften in allen Zweigen der Stahlwarenproduktion waren die Kernthemen der ersten Beratungen dieser Kommission.

Bereits im April 1848 war es zur Verabschiedung einer »Schwertschmiede-Ordnung« gekommen, deren Bestimmungen unter anderem Einrichtung von Schiedsgerichten aus Kaufleuten und Handwerkern auch als Instrumente zur Qualitätskontrolle, die Preisgarantie durch Festlegung von Mindestpreisen und als Durchsetzungsmaßnahmen Bußgelder für Fabrikanten, Streikrecht und Ausschluss aus der zu gründenden Brüderschaft vorsahen[43]. Wichtigster Bestandteil der Ordnung waren im April mit den Kaufleuten ausgehandelte Lohnsatzungen, die den Schwertschmieden tariflich fixierte Einkünfte sichern sollten. In den folgenden Wochen und Monaten gründeten auch die Meister der übrigen Stahlwarenberufe eigene Brüderschaften, wählten Vorstände und akzeptierten in modifizierter Form die Schwertschmiede-Ordnung.

Die Solinger Handwerksbrüderschaften blieben in der Praxis jedoch eine zum Scheitern verurteilte frühgewerkschaftliche Episode. Feste Lohnsätze auszuhandeln, gelang lediglich den Schwertschmieden und -schleifern, die im November 1848 Kaufleute bestreikten, die den Lohnsatzungen nicht beigetreten waren. Dieser Streik wurde schließlich durch massive Strafandrohungen der Aufsichtsbehörden beendet. Erst jetzt intervenierte der im Zuge der Reaktion erstarkte Staat gegenüber den gewerkschaftsähnlichen Interessenverbänden, deren Lohnsatzstatuten und Streikrechtsbestimmungen den Rahmen der preußischen Gesetze sprengten. Die Schwertschmiede-Ordnung aber war sicherlich nicht deshalb revolutionär [44], weil sie in der Schwächeperiode des Staates im März unbeanstandet derartige Regelverstöße zum Kern ihrer Bestimmungen erheben konnte, sondern weil sie als indirektes Ergebnis der Selbsthilfe-Aktionen der Solinger Schneidewarenarbeiter zu werten ist, deren sozialrevolutionäre Dynamik durch feste Organisationsstrukturen und korporative Lösungsansätze, die in der Zunftverfassung des 18. Jahrhunderts ihren festen Platz hatten, entschärft und kanalisiert werden sollten. Die kurzlebigen Schleifer- und Schmiedebruderschaften waren aber zugleich Orte, des weiteren Lernprozesses, den »gemeinsam proletarisierte« Meister und Gesellen[45] des Solinger Handwerks im Entstehungszusammenhang einer sozialistischen Arbeiterbewegung durchliefen. Zu den entscheidenden Erfahrungen im organisierten Lohnkampf zählte die Einsicht in die Notwendigkeit solidarischen Zusammenwirkens auf breiter Basis, wie sie beispielhaft im benachbarten Kreis Lennep von den Tuchfabrikarbeitern vorgeführt wurde, von denen 1848 etwa 2000 zum Mittel des Streikes griffen [46].

Die Solinger Stahlwarenarbeiter erkannten in Konfliktfällen auch die begrenzte Reichweite korporativer Lösungsansätze zur Verbesserung ihrer sozialen Lage. Ende April hatte sich in der Absicht wirksamer Soforthilfe ein »Verein zur Beschäftigung bedürftiger Fabrikarbeiter« gegründet, in dem unter maßgeblichen Einfluss des Landrates Solinger Kaufleute über die Vergabemodalitäten von Unterstützungsgeldern berieten, die aus staatlichen Darlehen und Sammlungen aufgebracht worden waren. Eine Eingabe, unterzeichnet von 88 Scherenarbeitern, forderte daraufhin die zweckgebundene, öffentlich kontrollierte Verteilung des Kapitals an tatsächlich Bedürftige[47].

Über die soziale Bindung der Unterstützungsgelder sollte ein noch zu gründendes Arbeiterbüro wachen. Solche Forderungen beruhten offensichtlich auf dem gewachsenen Misstrauen gegenüber der sozialen Verantwortung der örtlichen Unternehmer, blieben aber folgenlos. Die versammelten Kaufleute sprachen sich gegen die Initiative der Scherenarbeiter aus, obwohl diese mit ihrem Anliegen in die Öffentlichkeit getreten waren. Ihr vereinter Widerstand brachte die Idee des Arbeiterbüros zu Fall, und die Darlehen standen schließlich den Fabrikanten zur freien Verfügung. Eine Bilanz der Solinger Märzereignisse und ihrer Folgen fördert ein eigentümliches Bild der 48er Revolution in regionaler Konkretion zu Tage: Im Zentrum der bergischen Kleineisenindustrie dominiert in der ersten Phase weniger die bürgerliche Erhebung in der ritualisierten Form der Volksversammlung und Adressbewegung der revolutionären Metropolen, sondern der spontane soziale Protest in Form kollektiver Gewaltanwendung gegen Symbole kapitalistischer Konkurrenzwirtschaft und die damit verbundenen fundamentalen Veränderungen gewohnter Lebens- und Arbeitsverhältnisse in der krisengeschüttelten Hausindustrie. Damit bildete der Auftakt der Revolution im bergischen Land eine Variante ihrer sozialrevolutionären Unterströmung. Die Fabrikzerstörungen der Stahlwarenarbeiter trugen dabei weniger antimodernistische Merkmale »rückwärtsgewandter« Zunftorientierung, sie richteten sich vielmehr aus einer überkommenen Tradition der Lohnkämpfe im Vormärz gegen den »nächstliegenden Angriffspunkt bei der Sicherung vitaler Arbeitnehmerbelange« [48]

Im Laufe der revolutionären Entwicklung und der Etablierung einer bürgerlichen (politischen) Öffentlichkeit (Presse, Vereinswesen, Parteien, Wahlkämpfe) kam es zu intensiveren Formen der Fundamentalpolitisierung, Organisationsbereitschaft und Erfahrung mit legalisierten Instrumenten des Arbeitskampfes. Die in der Frühphase der Erhebung den Unternehmern abgerungenen Zugeständnisse und Maßnahmen zur Verbesserung der eklatanten sozialen Lage erwiesen sich unter den Vorzeichen der schließlich einsetzenden Reaktion als brüchig. Die Auswirkungen des Trucksystems waren keineswegs erfolgreich zu den Akten gelegt, sondern wirkten informell weiter. Fixierte Tariflohnsätze wurden von den Fabrikanten gezielt unterlaufen. Die Berührungspunkte der Solinger Arbeiterschaft mit den politischen Zielsetzungen der demokratisch-republikanischen Bewegung im Laufe des Jahres 1848 verschafften den folgenden Kämpfen für die Durchsetzung der Reichsverfassung und Republik eine neue Qualität: Solinger Arbeiter zählten zu den Stützen der Kämpfe im Mai 1849 auf den Barrikaden im benachbarten Elberfeld, wo ihr diszipliniertes und engagiertes Verhalten die Erfahrungen bereits ausgeprägter Gruppensolidarität widerspiegelten. Dies erkannte später rückblickend ein von den Elberfelder Ereignissen enttäuschter Friedrich Engels an, der sich persönlich an den Kämpfen in der Nachbarstadt beteiligt hatte und der die Solinger Verhältnisse dadurch in etwa kannte:

> *»Daß es nicht schlimmer dort (in Solingen, D. V.) aussah, war nur der guten Organisation und der Entschlossenheit der Solinger Arbeiter zu verdanken, die 400 bis 500 Bewaffnete nach Elberfeld geschickt hatten, (aber) immer noch stark genug waren, ihrer Bourgeoisie und ihrer Bürgerwehr zu Hause das Gleichgewicht zu halten. (...) Wären die Elberfelder Arbeiter so entwickelt und so organisiert gewesen wie die Solinger, die Chancen hätten ganz anders ausgesehen. (...)* [49]

Anmerkungen:

1 A. Niezner: *Rheinland und Westfalen während der Sturmjahre 1848/49. Stimmungsbilder aus der deutschen Revolution,* Aachen 1906, S. 65 f.

2 A. Peiniger: *Persönliche Erlebnisse während der Unruhen 1948–49 in Elberfeld und Solingen*, in: *Monatsschrift des Bergischen Geschichtsvereins I* (1898), S. 3 ff.

3 Vgl. R. Wirtz: »Widersetzlichkeiten, Excesse, Crawalle, Tumulte und Skandale«. *Soziale Bewegung und gewalthafter sozialer Protest in Baden 1815–1848*, Frankfurt/M., Berlin, Wien 1981.

4 Vgl. M. Henkel, R. Taubert: *Maschinenstürmer. Ein Kapitel aus der Sozialgeschichte des technischen Fortschritts*, Frankfurt/M. 1979, S. 143 ff; R. Boch, M. Krause: *Historisches Lesebuch zur Geschichte der Arbeiterschaft im Bergischen Land*, Köln 1983, S. 81–134. Grundlegend M. Spehr: *Maschinensturm. Protest und Widerstand gegen technische Neuerungen am Anfang der Industrialisierung.* Münster 2000

5 E.P. Thompson: *Patrizische Gesellschaft, plebeische Kultur*, in: ders., *Plebeische Kultur und moralische Ökonomie. Aufsätze zur englischen Sozialgeschichte des 18. und 19. Jahrhunderts*, Berlin 1980, S. 190 f.

6 Dazu Wirtz, *Widersetzlichkeiten*, S. 187.

7 Vgl. S. Kühn: *Der Aufstand der Kleineisenarbeiter in Solingen am 16. und 17. März 1948*, (Diss.) München 1938, S. 22 ff.

8 E. Hobsbawm: *Machine Breakers*, in: *Past and Present I* (1952), S. 66., vgl. auch Ders. und George Rudé: *Captain Swing*. London 1969 sowie R. P. Sieferle: *Fortschrittsfeinde? Opposition gegen Technik und Industrie von der Romantik bis zur Gegenwart*, München 1984 und A. Herzig: *Die Reaktion der Unterschichten auf den technologischen Wandel der Proto- und Frühindustrialisierungsphase in Deutschland*, in: *Archiv für Sozialgeschichte 28* (1988), S. 1–26

9 Zit. bei Kühn, Aufstand, S. 68.

10 *Barmer Zeitung*, Nr. 8, 20.3.1848

11 Zur industriellen Entwicklung des Bergischen Landes vgl. vor allem A. Thun: *die Industrie am Niederrhein und ihre Arbeiter (Teil II: Die Industrie des Bergischen Landes)*, Leipzig 1879.

12 Vgl. dazu allgemein A. Grießinger: *Das symbolische Kapital der Ehre. Streikbewegung und kollektives Bewusstsein deutscher Handwerksgesellen im 18. Jahrhundert*, Frankfurt/M., Berlin, Wien 1981.

13 Vgl. dazu besonders P. Kriedte, H. Medick, J. Schlumbohm: *Industrialisierung vor der Industrialisierung*, Göttingen 1978.

14 Vgl. *Elberfelder Kreisblatt 45*,15.4.1845 »Nebelbilder aus Solingen« (2).

15 aus: *Elberfelder Kreisblatt Nr. 103*,109 1845, Nr. 25 1846.

16 Vgl. *Elberfelder Kreisblatt 51*, 1. Mai 1845 »Nebelbilder aus Solingen« (17/18).

17 W. Köllmann: *Bevölkerung in der industriellen Revolution*, Göttingen 1974, S. 62.

18 *Handelskammerbericht für 1947*, 18.2.1848, im Stadtarchiv Solingen (STASo), Behälter 1000 »Jahresberichte der Solinger Handelskammer« 1841–1868.

19 Vgl. E.P. Thompson: *Die sittliche Ökonomie der englischen Unterschichten im 18. Jahrhundert*, in: D. Puls u.a.: *Wahrnehmungsformen und Protestverhalten*, Frankfurt/M. 1979, S. 14.

20 Thompson, *Sittliche Ökonomie*, S. 16.

21 Vgl. Fr. Hendrichs: *Die Schleifkotten an der Wupper*, Köln 1922, S. 30 f.

22 Vgl. Thun, *Industrie*, S. 94.

23 Vgl. Henkel/Taubert, *Maschinenstürmer*, S. 158.

24 Der Landrat (v. Hauer) berichtet gehorsamst über einige unter den Handwerkern der Fabrik entstandene Unordnungen (11.2.1826), zit. nach Henkel, Taubert, *Maschinenstürmer*, S. 162 f.

25 Thun, Industrie, S. 64

26 Vgl. Henkel/Taubert, *Maschinenstürmer*, S. 157 f.

27 Hauptstaatsarchiv Düsseldorf (HStAD), Akte Reg. D 2193 hier zit. nach: R. Boch, M. Krause: *Historisches Lesebuch zur Geschichte der Arbeiterschaft im Bergischen Land*, Köln 1983, S. 63.

28 *Verhandlungen des 7. Rheinischen Provinziallandtages nebst dem Allerhöchsten Landtags-Abschiede d.d. Berlin, den 30. November 1843*, S. 598 f.

29 *Elberfelder Zeitung*, 7.7.1845

30 vgl. Henkel, Taubert, *Maschinenstürmer*, S.170f

31 Thompson, *Sittliche Ökonomie*, S. 71

32 Wirtz, *Widersetzlichkeiten*, S. 189.

33 M. Gailus: *Soziale Protestbewegungen in Deutschland 1847–1849*, in: H. Volkmann, G. Bergmann: *Sozialer Protest*, Opladen 1984, S. 101.

34 *Solinger Kreis-Intelligenzblatt*, 26.4.1848.

35 Beilage zum *Solinger Kreis-Intelligenzblatt*, 7.5.1848.

36 Vgl. M. Botzenhart: *Deutscher Parlamentarismus in der Revolutionszeit 1848–1850*, Düsseldorf, S. 163

37 *Solinger Kreis Intelligenzblatt*, 29.4.1848.

38 *Solinger Kreis Intelligenzblatt*, 3.6.1848.

39 *Solinger Kreis Intelligenzblatt 85*, 10/1848 (Extra-Beilage: »Statut des Bürger-Vereins in Solingen«).

40 *Solinger Kreis Intelligenzblatt*, 25.11.1848.

41 STASo, Bestand Höhscheid a 7 10 Band II spec., *Zeitungsberichte 1819–1876: Monatsbericht des Höhscheider Bürgermeisters Höfer an Landrat von dem Bussche für April/Mai vom 1. Juni 1849.*

42 *Solinger Kreis-Intelligenzblatt*, 29.3.1848.

43 *Solinger Schwertschmiede-Ordnung*, Gesetz und Satzung, Solingen 1848.

44 Vgl. H. Rosenthal: *Die Anfänge der Arbeiterbewegung in Solingen 1849–1868*, Solingen 1953.

45 R. Boch: *Solinger Lokalgewerkschaften und Deutscher Metallarbeiterverband*, Bielefeld 1983, S.106.

46 H. Grebing: *Arbeiterbewegung. Sozialer Protest und kollektive Interessenvertretung bis 1914*, München 1987, S. 41.

47 *Solinger Kreis-Intelligenzblatt*, 10. Mai 1848.

48 M. Engelhardt: Von der »Unruhe« zum »Streike«, in: Volkmann u.a., *Sozialer Protest*, S. 233.

49 Zit. nach: *Aufstand der Bürger. Revolution 1849 im westdeutschen Industriezentrum*, hrsg. v. K. Goebel und M. Wichelhaus, Wuppertal 1974, S. 130.

Von »unförmigen Giganten« und »barbarischen Steinhaufen« – Industriedörfer und die »Unfähigkeit zur Stadtentwicklung« im Ruhrgebiet

Wenn die so genannten »shrinking cities«[1], die prophezeiten »Schrumpfstädte«, das scheinbar bedrohliche Szenario einer nahen Zukunft als das Ergebnis des demografischen Wandels im 21. Jahrhundert darstellen, dann mag es schon verwundern, wenn sich Historiker heute einer Urbanisierungsvariante erinnern, die im Deutschen Kaiserreich geradezu klassisch war im Kontext von Industrialisierung, Wirtschafts- und Bevölkerungswachstum: Die industriellen Riesendörfer, vor allem entlang der Emscher, die die Geschichte der Stadtentwicklung im Ruhrgebiet so nachhaltig und bis heute spürbar geprägt haben [2].

Was ist dran an diesem seltsamen Phänomen? Wie sind sie entstanden, diese Agglomerationen, die als Prototypen »defizienter Urbanisierung« [3] in die Geschichte eingingen? Was lässt sich historisch lernen, wenn man Innenansichten dieser ebenso belasteten wie die Menschen belastenden Verhältnisse in den Industriedörfern entwickelt?

Industriedörfer als »Urbanisierungsvariante«

Industriedörfer waren im Kaiserreich eine Urbanisierungsvariante, die es eigentlich gar nicht geben durfte, zumindest wenn man der Mehrzahl von Historikern folgt, die die deutsche Stadtgeschichte gleichsam als eine »Erfolgsgeschichte« auf der Einbahnstraße »Modernisierung« darstellen: Eine Geschichte ohne Brüche, Stagnationen, Widersprüche, Umwege, Abwege oder gar Verlierer. Diese aber gab es ohne Zweifel, denn die Riesendörfer an der Emscher wie Altenessen, Borbeck, Bottrop, Hamborn, Meiderich, Osterfeld, Schalke, Sterkrade, Wanne oder Eickel, um nur die bekannteren unter ihnen zu nennen, waren zu stadtähnlichen Gebilden aufgeblähte Zusammenballungen von industriellen Werken, Gemengelagen aus Arbeitersiedlungen, Halden, Brachen, Schienenwegen mit mehr oder weniger provisorischen Bahnhöfen und ungepflasterten Verkehrswegen[4].

Industrie und Dorf (WAZ-Archiv)

Die Ruhrgebietsliteratur bis zur Mitte des 20. Jahrhunderts, mit ihrem Hang zu »animistischen Metaphern«, wählte gern kraftvolle Vergleiche wie »barbarische Steinhaufen« (Max Barthel 1929) oder »unförmige Giganten« (Fritz Lötte 1936)[5]. Sie meinten damit die riesigen Industriedörfer vor allem an der Emscher mit ihren geradezu exponentiellen Wachstumsraten. Städtische Funktionen ließen diese nur in Ansätzen erkennen, wenngleich die vor Ort hoffnungslos unterrepräsentierten bürgerlichen Zwischenschichten immer wieder gern so taten »als ob«. Über ein paar Vorzeigeobjekte, die einen Hauch von Urbanität vorgaukelten, gelangte der ebenso gequälte wie behinderte Planungseifer kommunaler Verwaltung dann auch selten hinaus. Ringsum dominierte eine industriedörfliche Tristesse, die sich jedem planvollen Verwaltungshandeln entzog[6].

Die Rekonstruktion ihrer Geschichte führt also unweigerlich auch zu Fragen nach den Kosten industriellen Wachstums, den politischen Interessen, den ökonomischen Zwängen und den bürokratischen Pannen und Pleiten im Zusammenhang der Gestaltung menschlicher Lebensräume.

Einige Zahlen zur »Urbanisierungsvariante«

Industriedörfer waren vor allem die im schwerindustriellen Boom der Hochindustrialisierung expandierenden Landgemeinden der Emscherzone, die gleichsam über Nacht rasante Aufstiege in heute unvorstellbaren Wachstumsraten erlebten. Wenn heute von der »klassischen Phase der Urbanisierung« [7] die Rede ist – Städte wuchsen in den Jahren nach 1870 in Deutschland noch schneller als in den USA –, dann hatten diese Industriedörfer daran ganz erheblichen Anteil: Häufig erreichten sie nach den Maßstäben der Zeit respektable Größen von über 10.000 Einwohnern, von denen es 1871 – bezogen auf ganz Preußen – zwar erst ganze fünf, 40 Jahre später aber bereits 106 gab [8].

Wenn solche Riesendörfer schließlich – wie das rheinische Hamborn – die 100.000 Einwohner-Grenze überschritten, quantitativ also im Prinzip Großstadtniveau erreichten, dann war dies für die Zeitgenossen weniger ein spektakulärer Anlass zum Feiern als vielmehr ein öffentlicher Skandal, der solche Gemeinden auch überregional in die Schlagzeilen brachte: Die kommunale Selbstverwaltung, das heißt die Stadtrechte, wurden ihnen nämlich vorenthalten. Was blieb ihnen anderes übrig als der Wettstreit um das eher zweifelhafte Etikett, »Preußens größtes Dorf« zu sein.

»Revier der großen Dörfer«, dies ist eine populäre Umschreibung für die Eigentümlichkeit, die sich der schwerindustrielle Ballungsraum bis in die heutige Zeit bewahrt hat[9]. Dies meint zum einem »Polyzentralität«, aber auch »Unfähigkeit zur Stadtentwicklung« und bringt damit diese Eigentümlichkeit auf den Punkt: Jenseits seiner wirtschaftlichen Bedeutung konnte das Revier zu keiner Zeit Metropolencharakter gewinnen[10], wurden dort erwirtschaftete Gewinne vielmehr an dessen Rändern verzehrt. Die großen Industriedörfer – vornehmlich entlang der Emscher – bildeten bis ins 20. Jahrhundert hinein mehr als ein Drittel des Urbanisierungskonglomerates »Ruhrgebiet«. So wohnten 1910 im Deutschen Reich 2,47 Millionen Menschen in nichtstädtischen Gemeinden von über 10.000 Einwohnern. Von den 121 Gemeinden dieses Typs entfielen auf das Ruhrgebiet 31 mit zusammen 861.829 Einwohnern [11].

Tradition trifft Moderne: Schule an der Emscher (Stadtarchiv Herne)

Kurz vor dem Ersten Weltkrieg war die rasante Aufbauphase des Ruhrgebiets weitgehend abgeschlossen, die räumliche Ausdehnung stand in ihren Umrissen fest. Aber es handelte sich, so Jürgen Reulecke, um eine »gigantische(n) Agglomeration mit höchst krankhaften und auf Dauer selbstzerstörerischen Zügen«[12]. Oder mit den Worten des Stadthistorikers Lewis Mumford: »Das Zeitalter, das sich seiner maschinellen Triumphe und seiner wissenschaftlichen Weitsicht rühmte, überließ seine gesellschaftliche Entwicklung dem Zufall. (…). Die Industriedörfer, diese Zusammenballungen von Fabriken, waren in sozialer Hinsicht primitiver als die Dörfer unter dem frühmittelalterlichen Feudalsystem. (…) Ihre vorherrschende Farbe war schwarz. Schwarze Rauchwolken quollen aus den Fabrikschornsteinen, und die Eisenbahnanlagen, die oft tief in die Stadt hinein schnitten, verbreiteten Ruß und Asche. Sheffield, Birmingham, Pittsburgh, Essen, Lille: In dieser neuen Umwelt war schwarze Kleidung nur eine Schutzfarbe, kein Zeichen von Trauer. Unter solchen Verhältnissen musste man alle Sinne abstumpfen, um leben zu können. Dunkel, farblos, beißend und übel riechend war diese neue Umwelt…«[13].

Zeche Osterfeld, 1904

Innenansichten

Schauen wir etwas genauer auf die inneren Strukturen eines Industriedorfes. Qualitativ drückte sich der Urbanisierungsprozess dort, wo wahllos Arbeitskräfte und Produktionsanlagen zusammengezogen worden waren, aus durch fragmentarische Infrastruktur, chronische Unterversorgung der Bevölkerung, ökologische Verwüstung und urbane Defizite[14].

Dem Prozess personeller und räumlicher Verdichtung folgte erst sehr viel später die Entwicklung eines Systems professioneller Daseinsvorsorge[15]. Die Infrastrukturförderung der öffentlichen Hand hatte dabei vor allem die Industrie im Auge, die Möglichkeiten der Verkehrs- und Transportwege waren für die Firmenansiedlung von entscheidender Bedeutung.

Bestenfalls nachrangig war dagegen die Versorgung der Neubevölkerung. Weitaus vorteilhafter musste es dabei sein, wenn sich nicht die Kommunen, sondern die Unternehmen selbst sich in die Pflicht genommen fühlten und im Werkswohnungsbau vergleichsweise attraktive Siedlungen erstellten, die mehrere Vorteile vereinten: Sie stärkten die Loyalität zum Betrieb und zur neuen Lebensumwelt der Zuwanderer.

Kloake außer Kontrolle: Emscherüberflutung bei Karnap, 1909 (Emschergenossenschaft)

Die örtliche Infrastruktur der »verhinderten Städte« konnte nicht nur auf dem Gebiet des Wohnungsbaus, sondern auch bei der hygienischen, medizinischen und energetischen Versorgung der Bevölkerung in den Quartieren, der Entsorgung und Kanalisation, der kommerziellen und kulturellen Versorgung nicht mit dem Bevölkerungswachstum Schritt halten. Mangelhafte hygienische Verhältnisse bei der Trink-

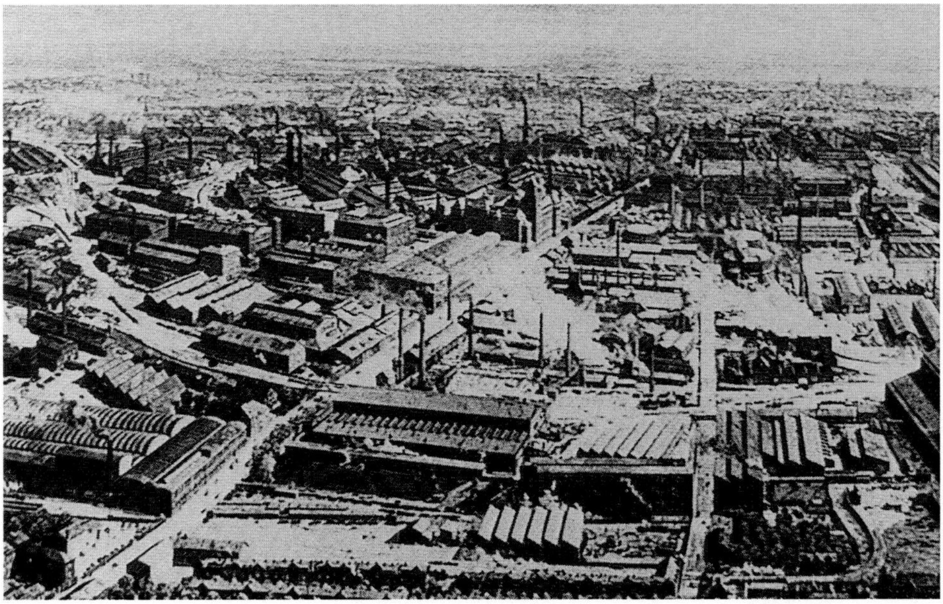

Kruppsche Gussstahlfabrik, 1912 (Historisches Archiv Krupp)

wasserver- und Abwasserentsorgung führten häufig zu Seuchen und Epidemien. Die Profitorientierung privater Versorgungseinrichtungen, die in den Industriedörfern dominierten, überließ die Entsorgungsprobleme den finanzschwachen Kommunen, deren Unwille oder Unfähigkeit zu Grundlageninvestitionen die Emscherzone schließlich bis an den Rand einer ökologischen Katastrophe brachte, wie noch 1901 im Raum Gelsenkirchen, wo ein aufstrebender Industrieort wie Schalke damals über keinerlei geschlossene Kanalisation verfügte[16].

Es waren die großen Industriewerke, die mit der Wahl ihres Standorts, mit der Schubkraft ihrer räumlichen Expansion und der Sogwirkung ihres Arbeitskräftebedarfs das Siedlungsgefüge an Ruhr und Emscher diktiert haben[17]. So bildeten sich nahezu überall zufällige Gemengelagen von Arbeits- und Wohnstätten heraus, und damit eine Fülle von miteinander unverbundenen (Klein)Zentren[18]. Auf diese Weise entstanden also die riesigen Industriedörfer mit ihren exponentiellen Wachstumsraten, ohne dabei ein wirklich städtisches Leben zu entfalten.

Verstärkt seit der Jahrhundertwende realisierte sich infrastrukturelle Modernisierung dann doch als öffentlich begriffene Aufgabe in einzelnen Renommierprojekten wie der elektrischen Beleuchtung der Hauptverkehrswege und gewerblichen Transitstraßen, in kommunalen Straßenbahnlinien oder in ästhetisierter Viertelbildung der physisch unterrepräsentierten bürgerlichen Gesellschaft in den Dörfern. Diese standen

Moderne Zeiten: Gas- und Wasserwerker Essen, 1898 (Stadtwerke Essen AG, Fotoarchiv Ruhrlandmuseum Essen)

regelmäßig vor dem finanziellen Kollaps, wenn ihre aufwendigsten Investitionen in Tiefbau und Schulwesen die »Selbstheilungskräfte« der gebeutelten und krisenanfälligen, gewerblich und sozial monostrukturierten Kommunen überzogen[19]. Was mochte es nutzen, wenn Zeitgenossen noch um 1912 wie in der Zeitung von Wanne feststellten: »Ein merkwürdig nüchternes Aussehen haben unsere Gemeinden behalten. Leute, die zum Vergnügen hier im Industriegebiet wohnen, gibt es wohl nicht.«[20].

Machtstrukturen

Gemeinden wie zum Beispiel Wanne, Eickel und viele andere verfolgten eine den Grundbesitz und die Industrie schonende Steuerpolitik, die sie zu echten Steuerparadiesen werden ließ, sodass man noch 1911 auf jedwede Kanalisation, Straßenpflasterung oder Beleuchtung verzichten musste, geschweige denn ausreichende soziale Fürsorge- oder Schulsysteme entwickeln konnte[21]. Änderung war kaum in Sicht, wurden diese knappen finanziellen Ressourcen doch in einem Spektrum sich gegenseitig überlagernder Interessensgruppen und Machtblöcke verwaltet, die der schwach ausgebildeten örtlichen Bürokratie nur enge Spielräume boten für planvolle Gestaltung, zwingend notwendige Investitionen, kulturelle Angebote oder gar soziale Fürsorge. Mit anderen Worten: Die Unfähigkeit zur Stadtentwicklung lag vor allem an der eigentümlichen Machtstruktur im Dorf.

Dort versuchte eine kleine, aber alt eingesessene Bevölkerungsschicht sich den als bedrohlich empfundenen Entwicklungen entgegenzustellen und in vielen Einzelkämpfen ihre gewohnten Rechte zu verteidigen. Wo aber weder Industrialisierung noch Besiedelung aufzuhalten waren, setzten schließlich gewaltige Bodenspekulationen ein. Dadurch fanden sich ehemals noch genügsame bodenständige Bauern reihenweise als rasant verbürgerlichte Rentiers und »Schlotbarone« in Gemeinde- oder Stadträten wieder. Und fanden offensichtlich auch Gefallen an einer Politik, die den Verwaltungen Steine in den Weg legte, wenn diese – anfangs oftmals in den Hinterzimmern von Gaststätten - bemüht waren, wenigstens die gröbsten Fehlentwicklungen noch irgendwie in den Griff einer städtischen Ordnung zu bekommen[22].

Ein Revier-Bürgermeister wiederum – wenn er mit seinen Gemeinderäten eine vernünftige Siedlungs- und Sozialpolitik verfolgen wollte – hatte also neben den geradezu erdrückenden Interessen der Industrie auch mit den inneren Querelen der Führungsschicht, deren oftmals irrationaler Beharrungskraft und der eigenen Verwaltung zu rechnen.

Im Rheinland wurden die Gemeinderäte unter den Bedingungen eines zugespitzten Dreiklassenwahlrechtes von alten und neuen Grundbesitzern dominiert, deren Interessen sich vornehmlich in dem Punkte trafen, die öffentliche Verwaltung kurz zu halten. Nach dem »Meistbegüterten-Recht« saßen 1908 beispielsweise im Altenessener Gemeinderat 20 Meistbegüterte, aber nur zwölf gewählte Mitglieder, Tendenz steigend[23]. In Westfalen begünstigte das Gemeindewahlrecht die Unternehmen, sodass die Vertreter der Industrie und ihre Anhänger bald das altheimische Element aus der Dorfpolitik verdrängten, eine latente Konfliktsituation zwischen Industrieinteressen und Bodenbesitz aber weiter bestand[24].

Vor diesem Hintergrund waren die Interessen der Bevölkerung eines Industriedorfes zunächst geradezu marginal. Die Masse der Bevölkerung trug zu den direkten Steuern und über die Kommunalzuschläge zum Gemeindehaushalt wenig oder nichts bei und hatte so meist keine hörbare Stimme im Gemeinderat. Zudem war diese Bevölkerung überwiegend jung und dabei extrem mobil. »Allenfalls bei Umzügen, Kirmessen, durch Saufereien und Raufereien, in denen sich allgegenwärtige Frustration in einer Unzahl von mehr oder minder organisierten Gelegenheiten entlud, wurden sie als Polizeiproblem aktenkundig«[25]. Vor allem aber konnten sich neue, zwischenbürgerliche Schichten aus kleinen und mittleren Gewerbetreibenden, freien Dienstleistungsberufen und Angestellten außerhalb der großen Industriewerke nur zögernd etablieren, waren gegenüber der Arbeiterbevölkerung geradezu hoffnungslos unterrepräsentiert.

Dort wo also die Bürgersteige fehlten, war die bürgerliche Gesellschaft selbst im Hintertreffen. Und gerade auf diese hätten sich kommunale Verwaltungen noch am ehesten stützen können - gegen die eigene »Selbstverwaltung«, die von Industrie und Bodenspekulation beherrscht wurde und die Masse der Bevölkerung draußen ließ. Um dies zu ändern bedurfte es besonderer Strategien, wenn sich eine randständige bürgerliche Gesellschaft in Allianz mit den kommunalen Verwaltungen zu Trägern der Planung im Dienste des »Allgemeinwohls« aufschwingen wollte. Immerhin wurde die »defiziente Urbanisierung« der gigantisch wuchernden Industriedörfer durchaus als Gefahr für den sozialen Frieden, vor allem aber als Hemmschuh für die freie Entfaltung des Kommerzes erkannt. Was war zu tun?

Auswege und Abwege: Die Stadtrechtskampagnen

In dieses industriedörfliche Dilemma aus begrenzten finanziellen Ressourcen, mangelhafter Planung und blockierten politischen Handlungsspielräumen kam etwa ab den 1890er Jahren Bewegung durch die Debatte um den Erwerb von Stadtrechten[26]. An kaum einer anderen Stelle ihrer Geschichte wird das Machtgefüge der Industriedörfer von innen her besser transparent als beim Vorgang der um die Jahrhundertwende kumulierenden Stadterhebungsgesuche. Als organisationsarme Gebilde haben sie der Nachwelt hier seltene Quellen hinterlassen und gestatten damit exemplarische Einblicke in die politischen Konzepte im Urbanisierungsprozess[27].

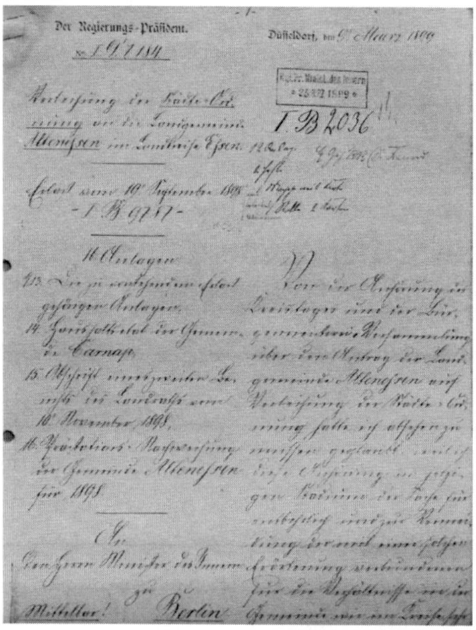
Der Regierungs-Präsident.

Düsseldorf, den

Stadterhebungsantrag Altenessen, 1899 (Geheimes Staatsarchiv Preußischer Kulturbesitz)

Verallgemeinernd lässt sich daraus folgende Perspektive beschreiben: Zumeist handelte es sich bei den Stadterhebungsanträgen der industriellen Landgemeinden im Ruhrgebiet zwischen 1870 und 1914 um die mehr oder weniger verkrampften Versuche einer Allianz aus Verwaltungsspitzen und zahlenmäßig unbedeutendem Kleinbürgertum, die erstarrten lokalen Machtverhältnisse durch einen kommunalrechtlichen Statuswechsel aufzubrechen, durch die Einführung des reinen Dreiklassenwahlrechtes die politische Basis der Selbstverwaltung zu verändern und damit für größere Unabhängigkeit von Grundbesitz und Industrie zu sorgen.

Die Idee dabei war: Über Steuerrevisionen wollte man neue Finanzquellen erschließen zum Wohle einer gleichsam nachträglichen Stadtplanung, die die Arbeitergemeinden insgesamt »urbaner« gestalten sollte. Die Attraktivität eines selbständigen städtischen Gemeinwesens sollte die bürgerlichen Zwischenschichten stärken, gewerbliche und administrative Funktionen anziehen, Kultur zentral inszenieren und damit weiteren Mittelstand anlocken, der seine Geschäftsgewinne dann am Ort verzehren und Steuern zahlen würde. Der Traum vom Stadtrecht wurde geradezu zur Zauberformel bürgerlicher Urbanitätsphantasien im Industriedorf und sorgte für allgemeine Begeisterung.

Inszenierungsversuche: Die Kaiserpassage in Wanne, 1904 (Stadtarchiv Herne)

Tatsächlich haben etliche der Dörfer zwischen Oberhausen und Hamm vor dem Ersten Weltkrieg jahrzehntelange Kampagnen für die Erlangung kommunaler Selbständigkeit geführt, Anträge gestellt, die aber häufig auf einem langen, zumeist dornenreichen Marsch durch die Institutionen auf den Schreibtischen der preußischen Bürokratie oder bereits weit im Vorfeld lokalpolitischer Animositäten und Querelen verendeten. Wenngleich einige Industriedörfer vom preußischen Innenministerium zu Städten erhoben wurden, die Mehrzahl dieser Gesuche blieb erfolglos, auch weil die Ergebnisse sprunghaft unkontrollierten Wachstums die politisch Verantwortlichen in Preußen erst erstaunten, dann erschreckten und schließlich sogar militärisch mobilisierten[28].

Urbanisierung und soziale Kontrolle

Die Stadtrechtskampagnen hatten in der Regel ihre Rechnungen ohne eine ganze Reihe von Wirten gemacht, insbesondere ohne die Perspektive der staatlichen Zentralinstanzen, wo die Städtebildung in der Phase eines forcierten Urbanisierungsprozesses vorrangig den Stellenwert eines Mechanismus sozialer Kontrolle gewann. Der preußische Innenminister als letzte Entscheidungsinstanz für die Vergabe von Stadtrechten wurde seinerzeit bestens über die Lage in den Landkreisen von den zuständigen Landräten unterrichtet; persönlich war die Ministerialbürokratie seit der Jahrhundertwende nur selten zum Ortstermin im Revier zu bewegen. Die Landräte wirkten als verlängerter Arm des fernen Ministeriums. Häufig gelang es diesen, die ehrgeizigen Projekte ihrer Landgemeinden erfolgreich zu hintertreiben. Ihre Einlassungen zur Sache waren in der Regel negativ, und zwar aus naheliegenden Gründen, führten sie doch indirekt auf diese Weise einen bisweilen trickreichen Abwehrkampf gegen die drohende Auflösung ihrer Einflussbereiche, indem sie den Minister durch zumeist dramatische Lageberichte zur Vorsicht gegenüber allen Selbstverwaltungsambitionen mahnten[29].

Tatsächlich lavierte die Ruhrgebietspolitik des preußischen Staates seit den großen Streiks am Ende der 1880er Jahre zwischen Radikalenphobie, Destabilisierungsängsten und ebenso repressiver wie straffer Polizeiaufsicht über die wuchernden Dörfer in Preußens »wildem Westen«.

Spätestens seit den blutigen Krawallen in Herne 1898, das zwei Jahre zuvor mit städtischen Selbstverwaltungsrechten ausgestattet worden war, hatte sich die anfangs noch liberale und durchaus wohlwollende Behandlung dieser Gesuche durch das Preußische Innenministerium endgültig verbraucht. Denn diese Gesuche berührten auch das örtliche Polizeisystem – und das war aus obrigkeitsstaatlicher Perspektive ein echtes Problem. 1906 wurde den Dörfern entlang der Emscher durch Erlass des Innenministeriums pauschal jede Aussicht auf den Erwerb von Stadtrechten genommen[30]. Warum? Die Vergabe von Stadtrechten an »problematische« Arbeitergemeinden hätte zugleich die Selbstverwaltung der Polizeiaufgaben bedeutet, sie wäre »städtisch« geworden. Und genau dem galt es aus obrigkeitsstaatlicher Perspektive gegenzusteuern. Landkreise sicherten die Polizeipräsenz des Staates in Person der Landräte, die als vorgeschobene Posten der Staatsaufsicht gerade im sozio-politisch brisanten Ballungsgebiet strategisch platziert schienen[31]. Das Hauptargument der landrätlichen Gutachten lautete also folgerichtig: Angesichts der stürmischen Bevölkerungsentwicklung und der ständigen Fluktuation hochmobiler, fremdländischer Arbeiter sei an die Gewährung der Städteordnung vorerst nicht zu denken. Über die Regierungspräsidenten gelangten die Lageberichte schließlich ins Ministerium. Dort konnte man beispielsweise in der Stellungnahme zum Antrag der Landgemeinde Altenessen von 1898 Folgendes lesen: »Von den 22384 Einwohnern gehören 29 zu den Gewerbetreibenden in Großbetrieben, 2101 zu Gewerbetreibenden in Kleinbetrieben, 112 zum Stande der selbständigen Landwirte, 1670 zu den Staats-, Gemeinde- und Privatbeamten, aber 18157 zu den stark fluktuierenden Bergleuten und anderen gewerblichen Arbeitern, die also 81,1% der ganzen Bevölkerung ausmachen, während ein Hauptkriterium städtischen Lebens, der sesshafte Bürgerstand, überhaupt fehlt. (…) Zu dem Nachteil ultramontaner pp Stadtverordneten Mehrheiten und der durch sie beeinflussten Bürgermeisterwahlen würden also städtische, und zwar von der Aufsicht des Landrates ganz losgelöste Polizeiverwaltungen treten. Zu welche Folgen dieser eine straffe Staatsaufsicht ausschließende Zustand in Zeiten wirtschaftlicher Krisen oder politischer Gärung im dichtest bevölkerten Industriegebiet des Preußischen Staates führen könnte, liegt auf der Hand, so dass ich mich mit dem Landrat von Essen auch aus diesen politischen Gründen grundsätzlich gegen die Verleihung der Städte-Ordnung an die fraglichen Arbeitergemeinden, in diesem Falle Altenessen, aussprechen(..) muss.«[32]

Gegenüber solchen Perspektiven trat die Frage nach dem wirklichen Leben in den Gemeinden mit all seinen Belastungen, Defiziten und Versorgungsengpässen vollständig in den Hintergrund. Mit hochfliegenden Urbanisierungsphantasien des kaufmännischen Bürgertums hatte die Masse der Arbeiterbevölkerung im Industriedorf jedoch wenig im Sinn. Für sie machte es auch wenig Unterschied, von welcher Art Gemeindewahlrecht sie von der politischen Mitbestimmung ausgeschlossen blieb, von welcher Polizei sie überwacht oder schikaniert wurde. Die Lösung außerbetrieblicher Problemlagen wurden noch am ehesten von der Sozialpolitik der Arbeitgeber erwartet[33]. Demgegenüber stand die Frage nach der Stadtentwicklung von Industriedörfern in einem abgehobenen Zusammenhang, der sich vollständig der Partizipation entzog. Kollektiv geäußert haben sich die Arbeiter – so weit erkennbar – zu solchen Fragen jedenfalls kaum[34].

Die Stadtentwürfe des industrieprovinziellen Bürgertums sahen ihre Träger im Zentrum der Macht, im Genuss kultureller Angebote und öffentlicher Dienstleistungen, abgeschlossen gegen Industrie und Arbeiterschaft. Sie orientierten sich an der Produktion von Raffinement in den Metropolen, deren bürgerliche Zwischenschichten die ganze Ambivalenz der Urbanisierungserfahrungen nicht nur thematisierten, sondern, ausgestattet mit technischen »know how«, Macht- und Finanzmitteln, sich die Sublimierung ihrer Alpträume auch etwas kosten lassen konnten. Im Revier aber, wo sich das Reich seine Waffen schmieden ließ, verkümmerten solche Entwürfe exklusiver Aufbrüche aus der Provinzialität auf dem Papier: Urbane Phantasien ließen sich in Industriedörfern, wo es an wirklichen Macht- und Geldeliten fehlte, nicht realisieren. So schlicht diese Konzepte im Prinzip gestrickt waren, so erfolglos blieben sie.

Und die weitere Entwicklung? Die Eingemeindungswellen vor dem Ersten Weltkrieg, denen die gebeutelten Industriedörfer dann sozusagen »zum Opfer fielen«, änderte nur wenig an der Geographie der sozialen Klassen. Infrastrukturleistungen wurden allenfalls zögernd in die neuen Vororte exportiert. Dies trug zu dem spezifischen Koloniecharakter vieler Siedlungszusammenhänge bei und war mit dafür verantwortlich, dass die Identifikation der Bevölkerung des Ruhrgebiets sich bis heute weniger auf »die Stadt als solche«, als vielmehr auf einzelne ihrer Teile richtet[35].

Was also lässt sich aus der Geschichte der Industriedörfer im Ruhrgebiet historisch lernen? Lutz Niethammer hat einmal gesagt: »Bereits die oberflächliche Kenntnis eines großen Industriedorfes legt die Einsicht nahe, dass Urbanisierung nicht zwangsläufig aus Industrialisierung folgt.«[36]. Ich möchte hinzufügen, dass in der klassischen Phase der Urbanisierung die Entwicklungsmuster des Reviers langfristig festgelegt wurden. Sie brachte quasi als »Nachgeburt« auch die Fiktion einer urbanen Zukunft der industriellen Provinz, der aber selbst als Entwurf wirklich humane Qualitäten fehlten[37]. Von der Realität des Lebensumfeldes der Bevölkerung ganz zu schweigen.

Doch zurück zu den schrumpfenden Städten in Gegenwart und Zukunft. Über 150 Jahre war Stadtentwicklung als Urbanisierung unter industriellen Bedingungen an die Perspektive scheinbar unbegrenzten Wachstums gebunden. Diese Zeiten sind vorbei. Eine Gelegenheit, über die Chancen des Schrumpfens nachzudenken?

Anmerkungen

1 Sassen 2000; *Atlas der schrumpfenden Städte 2006*.

2 Niethammer 1979.

3 Niethammer 1979, S. 16. (4) Vonde 1989; dort auch alle Quellenangaben und weiterführende Literatur zum Thema.

5 Fritz Lötte 1936: »Die kleinen Städte an der Ruhr und die Dörfer an der Emscher blähen sich zu unförmigen Giganten. Straßen und Häuser wuchsen aus der Erde.« Zitiert nach Van Laak 2001.

6 Brepohl 1958, S.80–82, Brepohl 1957, S.19–22.

7 Reulecke 1985, S. 9.

8 Vgl. Jahoda/Lazarsfeld/Zeisel 1978, S.32–35 mit einer prägnanten Typologie der »Industriedörfer«; vgl. Vonde 1989, S. 16.

9 Aber auch »Reich der Riesenschlote und Hochöfen, Reich des schwarzen Diamanten, Regional-Stadt, Provinz, Metropole, Megalopolis, Motopia, Bandstadt, Stadtschaft, Profitopolis, Stadtlandschaft, multipliziertes Dorf, Vorortstadt, schwarze Metropolis, Werkstatt für Europa, Schwarze Sphinx, ein in Permanenz erklärter Stammtisch, Ruhrstadt, Ruhr-Emscherstadt, massierte Kapitalansammlung, Ruhrrevier, altindustrieller Ballungsraum, Gigant im Westen, Waffenschmiede des Reiches, Kohlenpott, Ruß-Land, Land der Autobahnen, Rauchstadt, Versuchsfeld Europas, Sonderfall der Sozialgeschichte, der schwarze Baal, Industrieland, graues Revier, rußige Werktagswelt, Raubbaulandschaft, Ruhrland, Häuserhaufen, Ruhrgau, Verbundstadt, Regionalstadt, Städteverbund, Ruhr-Lippestadt, Riesenmontanstadt, steingewordene Hoffnungslosigkeit, Kohlenrevier, Schlotenland, Gigant an der Ruhr, Stadt der Städte. Ruhrprovinz, Ein lausiger Pelz von Häusern und Fabriken mit riesigen Mottenflecken dazwischen, eines Bettlers zerlumpter Mantel, Kohlenland, Rheinisch-Westfälisches Industriegebiet, Revierland, Land der tausend Feuer, Land an der Ruhr, Land ohne Grenzen.« Vgl. Van Laak 2001, S. 19.

10 Reulecke 1981, S. 13.

11 Matzerath 1985, S. 257–258.

12 Reulecke 1985, S. 86 (13) Mumford 1979, S. 547.

14 Vgl. Vonde 1989, S. 127–141.

15 Krabbe 1997; vgl. auch Reulecke 1985, S. 118–131.

16 1901 kam es im Bereich Gelsenkirchen zu einer Typhus-Epidemie mit 3.200 Erkrankten und 350 Todesfällen. Das fragliche Gebiet wurde von Grillos privatem »Wasserwerk für das nördliche Kohlenrevier« mit zum Teil ungeklärtem Flusswasser aus der Ruhr versorgt. In der Essener Gerichtsverhandlung 1904 wurde die Firma für schuldig befunden, das Trinkwasser lebensgefährlich verunreinigt zu haben. Vgl. Frank/Gandy 2006, S. 79 sowie Kluge/Schramm 1986, S.122–125.

17 Vgl. Reif 1993.
18 Günter 2000, S. 22 ff.
19 Vonde 2000.
20 *Wanner Zeitung* Nr. 175, 1912.
21 Vonde 2009, S. 66–67.
22 Und dieses Unterfangen konnte seltsame Blüten treiben, wie das Beispiel des Borbecker »Communalbaumeisters« Voßkühler zeigt. Der hatte 1893 für sein aufstrebendes Industriedorf eine Straße geplant: »Noch als Feldweg erhielt sie den Namen Kaiserallee, war hier doch eine «Prunkstraße« mit vielfachen Baumreihen und 6m tiefen Vorgärten vorgesehen. Die Planungsunterlagen des Konsortiums lassen die beiden Opponenten erkennen, an denen sich Voßkühlers letzter Versuch brach, eine städtebauliche Kontur in das verwinkelte Dorf und seine Streusiedlungen zu bringen. Auf der Karte, mit der die Anlage der Kaiserallee beantragt wurde, finden sich an der Stelle, wo ihre Trasse den Garten der Dienstvilla des Bürgermeisters kürzte, erregte Durchstreichungen mit Blaustift und daneben von dessen Hand: »kommt derzeit überhaupt nicht in Frage.« Um sicher zu gehen, erteilte er auch in diesem Fall alsbald eine Genehmigung, mitten in die Verlängerung des Straßendurchbruchs zur Ortsmitte hin ein Haus bauen. Damit war die Kaiserallee eine Sackgasse und wurde bald zur Fürstenstraße degradiert, später sogar nach dem angesehensten Dorfpastor erneut umbenannt«, Niethammer 1979, S. 34.
23 Vonde 1997, S. 223. (24) Croon 1960; Croon 1955.
25 Niethammer 1979, S. 26.
26 Vonde 1989, S. 146–147.
27 Vgl. dazu die umfangreichen Aktenbestände im Geheimen Staatsarchiv Preußischer Kulturbesitz Berlin, vor allem Geheimes Zivilkabinett, Rep.2.2.1, Inneres Städte und Ministerium des Innern, Rep. 77.
28 Reulecke 1990, S. 85–86; Vonde 1989, S.166–176.
29 So bezeichnete etwa 1908 der Landrat des Kreises Dinslaken, Wülfing, das aufstrebende Industriedorf Hamborn mit seinerzeit über 100.000 Einwohnern als »ungesund vergrößerte Gemeinde«, die dringend unter Kreisaufsicht verbleiben solle, da insbesondere Bürgermeister Schrecker »bei aller Anerkennung seiner Rührigkeit und seiner persönlichen Tüchtigkeit infolge seiner mangelhaften Vorbildung ebenfalls besser noch einige Jahre unter örtlicher Aufsicht« bleiben solle. Und zwei Jahre später denunzierte er Schrecker noch immer als dilettantischen Dorfbürokraten mit einer »an Schlappheit grenzenden Gutmütigkeit«, den Gemeinderat als dessen willfähriges Werkzeug und die Industrie als Vertreter von gemeindefernen Sonderinteressen. Vor allem aber sei Hamborn »der gegebene Mittelpunkt und Ausgangsort für alle Arbeiterbewegung an der unteren Ruhr.« Dieser Umstand verlange nach einer straffen Polizeiaufsicht, da sich jeder Aufstand von hier aus zum Flächenbrand entwickeln könne. Der Landrat hatte offensichtlich ein sicheres Gespür für wirksame Argumente in obrigkeitsstaatlicher Perspektive, Vonde 1989, S. 95.
30 Vonde 1989, S. 174.
31 Vgl. *Kommunale Praxis. Wochenschrift für Kommunalpolitik und Gemeindesozialismus*. 8. Jahrgang 1908, Heft 1: »Die staatliche Polizei im Ruhrgebiet«.
32 Zitiert bei Niethammer 1979, S. 86.
33 Brüggemeier 1983.
34 »Was die von der Unfähigkeit zur Planung Betroffenen litten blieb weitgehend stumm. Ihre Erfahrungen hat die Zeit verwischt, ihre Lebensläufe sind nur noch in der Strichliste einer Volkszählung zu greifen.« (Lutz Niethammer, 1979, S. 70)
35 Wehling 2002.
36 Niethammer 1979, S. 9.
37 »Jede Vision braucht jemanden, der an sie glaubt,« hieß es im Kontext des medialen Wirbels um die »RUHR.2010«, jenes großangelegten Versuches der »Kulturhauptstadt Ruhrgebiet«, gleichsam im Nachgang die alte Beschwörungsformel von der »Metropole Ruhr« für den weiteren Strukturwandel zu reaktivieren. Ob es wirklich gelungen ist, die Realität urbaner Metropolen nicht bloß zu imitieren und die Region nur kurzfristig mit Kultur zu möblieren, sondern einen nachhaltigen Ausbau kultureller und sozialer Infrastruktur einzuleiten und dabei diesmal die gesamte Bevölkerung mit zu nehmen, wird noch nachzuweisen sein.

Literaturhinweise

Atlas der schrumpfenden Städte 2006: Atlas der schrumpfenden Städte / Atlas of Shrinking Cities, hg. von Oswalt, Philipp/Rieniets, Tim, Ostfildern 2006.

Brepohl 1957: *Industrievolk im Wandel von der agraren zur industriellen Daseinsform, dargestellt am Ruhrgebiet*, Tübingen 1957.

Brepohl 1958: Brepohl, Wilhelm, *Der Aufbau des Ruhrvolkes im Zuge der Ost-West-Wanderung*, Recklinghausen 1958.

Brüggemeier 1983: Brüggemeier, Franz, *Leben vor Ort. Ruhrbergleute und Ruhrbergbau 1889–1919*, München 1983.

Croon 1955: Croon, Helmuth, *Die Einwirkungen der Industrialisierung auf die gesellschaftliche Schichtung der Bevölkerung im rheinisch-westfälischen Industriegebiet*, in: *Rheinische Vierteljahrsblätter 20(1955)*, S. 301–316.

Croon 1960: Croon, Helmuth, Die gesellschaftlichen Auswirkungen des Gemeindewahlrechtes in den Gemeinden und Kreisen des Rheinlandes und Westfalens im 19. Jahrhundert, Köln, Opladen 1960.

Frank/Gandy 2006: Frank, Susanne/Gandy, Mathew, *Hydropolis: Wasser und die Stadt der Moderne*, Frankfurt/Main 2006.

Günter 2000: Günter, Roland, *Im Tal der Könige*, Essen 2000.

Jahoda/Lazarsfeld/Zeisel 1978: Jahoda, Maria/Lazarsfeld, Paul F./Zeisel, Hans, *Die Arbeitslosen von Marienthal*, (1933), 2. Auflage, Frankfurt 1978. Dort auch die relevante weiterführende Literatur und Quellenhinweise.

Kluge/Schramm 1986: Kluge, Thomas/Schramm, Ernst, *Wassernöte. Umwelt- und Sozialgeschichte des Trinkwassers*, Aachen 1986.

Krabbe 1997: Krabbe, Wolfgang: *Kommunalpolitik und Industrialisierung: Die Entfaltung der städtischen Leistungsverwaltung im 19. und frühen 20. Jahrhundert*, Stuttgart 1997.

Van Laak 2001: Van Laak, Dirk, *Land der Städte, Städtestadt. Literatur über das Phänomen Ruhrgebiet 1911–1961*, in: Online-Bibliothek des »Forums Geschichtskultur an Ruhr und Emscher«, November 2001 (http://www.geschichtskultur-ruhr.de/medien/index.html).

Matzerath 1985: Matzerath, Horst, *Urbanisierung in Preußen 1815–1914*, Stuttgart 1985.

Mumford 1979: Mumford, Lewis, *Die Stadt. Geschichte und Ausblick*, München 1979,

Niethammer 1979: Niethammer, Lutz, *Umständliche Erläuterung der seelischen Störung eines Communalbaumeisters in Preußens größtem Industriedorf oder: die Unfähigkeit zur Stadtentwicklung*, Frankfurt/Main 1979.

Reif 1993: Reif, Heinz, *Die verspätete Stadt. Industrialisierung, städtischer Raum und Politik in Oberhausen 1846–1929*, Text- und Tafelband, Köln/Bonn 1993.

Reulecke 1981: Reulecke, Jürgen, *Metropolis Ruhr?* In: *Die alte Stadt 8* (1981), S. 13–30.

Reulecke 1985: Reulecke, Jürgen, *Urbanisierung in Deutschland*, Frankfurt 1985.

Reulecke 1990: Reulecke, Jürgen, *Das Ruhrgebiet als städtischer Lebensraum*, in: Köllmann, Wolfgang u. a. (Hg.), *Das Ruhrgebiet im Industriezeitalter. Geschichte und Entwicklung, Band 1*, Düsseldorf 1990, S. 67–120,

Sassen 2000: Sassen, Saskia, *Cities in a World Economy*, Thousand Oaks 2000.

Vonde 1989: Vonde, Detlef,: *Revier der großen Dörfer. Industrialisierung und Urbanisierung im Ruhrgebiet*, Essen 1989.

Vonde 1997: Vonde, Detlef, »Den Mangel verwalten«. *Die Finanzierung von Infrastruktur in der Stadt und im Landkreis Essen um die Jahrhundertwende*, in: Wisotzky, Klaus/Zimmermann, Michael (Hg.), *Selbstverständlichkeiten, Strom, Wasser, Gas und andere Versorgungseinrichtungen: Die Vernetzung der Stadt um die Jahrhundertwende*, Essen 1997, S. 216–230.

Vonde 2000: Vonde, Detlef, *Gottesfurcht, Vaterlandsliebe, monarchische Gesinnung. Schulverhältnisse im Kaiserreich*, in: Ruhrlandmuseum Essen (Hg), *Die Erfindung des Ruhrgebiets Arbeit und Alltag um 1900*, Essen 2000, S. 239-256.

Vonde 2009: Vonde, Detlef, *Wenn Dörfer Städte werden (wollen)*, in: Braßel, Frank/Clarke, Michael/Objartel-Bartel, Cornelia (Hg.), »Nichts ist so schön wie…« Geschichte und Geschichten aus Herne und Wanne-Eickel, 2. Auflage, Essen 2009.

Wehling 2002: Wehling, Hans-Werner, *Die industrielle Kulturlandschaft des Ruhrgebiets. Historische Entwicklungsphasen und zukünftige Perspektiven*, in: Umwelt Ruhr, Essener Unikate 19, Essen 2002, S. 111–119.

Integrationsgeschichten
Polnische »Gastarbeiter« im Kaiserreich

Wenn in Deutschland Namen wie Koslowski, Kwiatkowski, Cieslarczyk, Tilkowski oder Szymaniak fallen, werden diese automatisch mit dem Ruhrgebiet in Verbindung gebracht. Und nicht von ungefähr hieß einer der Ruhrgebiets-Kult-Polizisten »Schimanski«.

Diese Zuordnung zu den Bewohnern des Reviers ist heute so selbstverständlich, dass deren Herkunft aus den deutschen Ostgebieten und aus Polen kaum noch bedacht wird. Dabei könnte durchaus gesagt werden, dass das Ruhrgebiet eine Region ist, deren Einwohner sich in der Mehrheit aus Arbeitsmigranten zusammensetzt, berücksichtigt man, dass einzelne Städte und Vororte wie z.B. Gelsenkirchen-Erle und -Horst, nahezu ausschließlich von Arbeitsmigranten aus Masuren bewohnt wurden und dass in Bottrop 1912 31% der Einwohner Polen bzw. Polnisch Sprechende waren. Am Vorabend des Ersten Weltkrieges zählten die polnischen Bewohner des Ruhrgebietes rund eine halbe Million (= 1/6 der Gesamtbevölkerung.)

Das Schicksal dieser Polen ist insgesamt eine Erfolgsgeschichte von »amerikanischem Zuschnitt«: Integration, ohne sich zu assimilieren oder im Gettoleben Zuflucht zu suchen. Vielmehr beteiligten sie sich selbstbewusst am öffentlichen Leben der Städte und Industriedörfer und gestalteten die deutsche Variante einer pluralistischen Gesellschaft mit[1].

Diese »Erfolgsgeschichte« beginnt mit der Landflucht Tausender Menschen, die aus den Agrargebieten des Ostens in eine rasch wachsende Industrieregion strömten. Die Zuwanderer waren wahrscheinlich Analphabeten, sicherlich arm, zumeist jung und auf jeden Fall Angehörige eines fremden Volkes.

Wenn hier von »Polen« die Rede ist, dann sind damit in erster Linie Personen gemeint, die nach dem Gesetz preußische Staatsangehörige waren. In der Zeit zwischen der dritten Teilung Polens 1795 und dem Ende des Ersten Weltkrieges war das vorwiegend von Polen bewohnte Gebiet zwischen Preußen (dem späteren Reich), Russland und der Habsburger Monarchie aufgeteilt.

In der zweiten Hälfte des 19. Jhds. verwandelte sich die Wirtschaft Deutschlands in einer Weise, dass das vereinte Reich vom industriellen Entwicklungsland zur führenden Industriemacht des europäischen Kontinentes aufstieg. Die Industrieproduktion wurde nur noch in Amerika übertroffen. Dieser Prozess vollzog sich innerhalb von nur zwei Generationen. Dieser »Industriellen Revolution« folgte jedoch nur wenig soziale und politische Modernisierung. Besonders Preußen als das dominierende Glied des Deutschen Reiches blieb ein aggressiv autoritärer Staat. Das fortschrittlichste Sozialversicherungssystem der Welt bestand neben patriarchalischen Verhältnissen in den Fabriken und fast feudalen Verhältnissen auf den Landgütern im Osten. Kurz: Das Kaiserreich war ein widersprüchlicher und alles andere als »moderner« Nationalstaat.

Das Ruhrgebiet, das in Wirklichkeit an der Emscher lag, war eine junge Industrieregion mit exponentiellen Wachstumsraten, insbesondere was die Bevölkerung betrifft. Eine Einwanderungsregion par excellence. Um diese Entwicklung zu verstehen, muss man sich vor Augen halten, dass es im 1. Drittel des 19. Jahrhunderts in der Emscherzone – nur 50 Jahre später das Kerngebiet des Steinkohlenbergbaus- mehr Vieh als Menschen gab. Die Emscherzone war dünn besiedelt und aufgrund des sumpfigen Bodens nur stellenweise für den Ackerbau nutzbar. Anders als an der Ruhr (Dortmund) und am Hellweg gab es hier keine traditionsreiche geschlossene Siedlung. Die größte, Gelsenkirchen, etwa war nur ein unscheinbares Kirchdorf.

Mit dem Einzug des Bergbaus mussten Arbeitskräfte gewonnen werden und die konnten nur von außerhalb kommen. Aber auch die Lohnarbeiter aus dem Rheinland und Westfalen konnten den Bedarf nicht decken, der sich in den 70er Jahren, vor allem aber in der Periode 1890–1910 auftat. Seit Anfang der 70er Jahre setzte die größte Binnenwanderung in der deutschen Geschichte ein. Ehemalige Dörfer explodierten gleichsam über Nacht zu riesigen Agglomerationen, waren auf einmal Industriedörfer, denen jegliche Ausstrahlung des Städtischen fehlte.

So entstanden vielmehr intensiv industriell genutzte Ballungsräume ohne jeglichen Ansatz einer erkennbaren Stadtplanung. Nur mühsam konnten die expandierenden Gemeinden mit schwindsüchtigen Finanzhaushalten dem Zuzug von Menschen die wichtigsten Infrastrukturleistungen folgen lassen.

Die ersten Werbeagenturen der Bergwerksgesellschaften wurden nach Oberschlesien ausgeschickt. Die Agenten erhielten in der Regel ein Kopfgeld von 5 bis 10 Mark und warben bevorzugt in den ländlichen Überbevölkerungsgebieten. Die Werber konzentrierten sich dabei auf die Gruppe der landwirtschaftlichen Wanderarbeiter und griffen oftmals zu Methoden aus den Soldatenerhebungen:

»Zigaretten, Bier und Schnaps werden von dem Werber unter die Arbeiter verteilt, jeder Angeworbene erhält 1 Mark Angeld, und nachdem alle Mietsverträge abgeschlossen sind, wird ein gemeinsames Tanzvergnügen von dem Unternehmer veranstaltet.«[2]

Die erste Generation polnischer Arbeitsmigranten waren saisonale Wanderarbeiter, die von Oktober bis April im Steinkohlebergbau arbeiteten. Sie kamen in der Regel ohne Familien ins Ruhrgebiet, führten ein Schlafburschen- oder Kostgängerdasein bei den einheimischen Bergmannsfamilien oder lebten – was billiger war- in den von Bergwerksgesellschaften errichteten Menagen und Schlafhäusern, Vorläufer der späteren »Ledigenheime« (»Bullenklöstern«).

Erst die 2. Generation der Arbeitsmigranten, die in den 90er Jahren ins Revier kamen, wurden dort sesshaft, wobei der werkseigene Siedlungsbau eine zentrale Rolle spielte. Die Wanderarbeiter waren bereits proletarisiert, besaßen nichts als ihre Arbeitskraft als Existenzgrundlage, waren aller Restbestände an Autonomie und Sicherheit verlustig gegangen und bereits nachhaltig an Disziplin, Willkür und 11 bis 12 Stunden harte körperliche Arbeit gewöhnt. Was neu war, war die Arbeit unter Tage, die Trennung der Menschen von der Natur, das Fehlen von Licht und Luft, der Kohlenstaub und die Hitze, die extreme Gefährlichkeit der Arbeit und das Bewusstsein, in der Fremde zu sein, das Fehlen der dörflichen Gemeinschaft.

Gerade Letzteres versuchten die Arbeitsmigranten aufzuheben, indem sie in der Fremde zusammenrückten. In einzelnen Städten und Industriedörfern konzentrierten sich zu Anfang des 20. Jahrhunderts Bewohner, die aus einem Dorf, einer Region Ostdeutschlands und Polens stammten. Dies lässt sich nicht allein darauf zurückführen, dass bestimmte Dörfer oder Regionen zu einer bestimmten Zeit aufgesucht wurden, vielmehr holten die bereits »Ausgewanderten« ihre Landsleute nach bzw. die später Gekommenen zogen bevorzugt dorthin, wo bereits ehemalige Landsleute ansässig waren. Nur so lässt es sich erklären, dass z.B. in Bottrop um die Jahrhundertwende rd. 50% der Bergarbeiter ausschließlich aus den oberschlesischen Kreisen Rybnik und Ratibor stammten; dass die Ostpreußen aus Ortelsburg, Neidenburg und Allenstein sich bevorzugt in Gelsenkirchen, die Osterroder um Bochum und die Lötzener in und um Wanne niederließen.

Ein weiteres Mittel des Zusammenschlusses bildeten die Landsmannschaften, Heimatvereine und andere Gruppierungen wie Gesangs-, Turn-, Frauen- und vor allem die katholischen St. Barbara-Vereine. Diese hatten vor allem in der Phase der »Ankunft« eine wichtige Integrationsfunktion: Sie erleichterten den Übergang in die »neue Heimat« und halfen, Verhaltensunsicherheiten zu mindern.

Die Hauptwanderungswelle »schwappte« in den letzten beiden Jahrzehnten des 19. Jahrhunderts in das Emschergebiet. Um nur einigermaßen eine stimmige Vorstellung von den Dimensionen zu gewinnen, muss man daran erinnern, dass 1861 in den Provinzen Rheinland und Westfalen ganze 16(!) Polen lebten – von der Statistik des Preußischen Staates nur beiläufig vermerkt – 1910 aber über 300.000. Vor allem die Städte und Industriedörfer der Emscherzone hatten einen hohen ostdeutschen und polnischen Bevölkerungsanteil. Adressbücher des Jahres 1927 enthielten in Bottrop 32%, in Wanne-Eickel 30%, in Gladbeck 26,5% polnische Namen, wobei zu berücksichtigen ist, dass von 1885 bis 1935 rd. 200.000 Namen eingedeutscht worden sind. Im Dezember 1899 stammten rund 57% aller Bergarbeiter in Gelsenkirchen aus den ostelbischen und masurischen Gebieten; ähnlich sah es in den anderen Städten Herne, Wanne, Castrop und Bottrop aus.[3]

Masuren!

»In rein ländlicher Gegend, umgeben von Feldern, Wiesen und Wäldern, den Vorbedingungen guter Luft, liegt, ganz wie ein masurisches Dorf, abseits vom großen Getriebe des westfälischen Industriegebietes, eine reizende, ganz neu erbaute Kolonie der Zeche Victor bei Rauxel. Diese Kolonie besteht vorläufig aus über 40 Häusern und soll später auf etwa 65 Häuser erweitert werden. In jedem Hause sind nur 4 Wohnungen, zwei oben, zwei unten. Zu jeder Wohnung gehören etwa 3 oder 4 Zimmer. Die Decken sind 3 Meter hoch, die Länge bzw. Breite des Fußbodens beträgt über 3 Meter. Jedes Zimmer, sowohl oben, als auch unten, ist also schön groß, hoch und luftig, wie man sie in Städten des Industriegebiets kaum findet. Zu jeder Wohnung gehört ein guter, hoher und trockener Keller, sodass sich die eingelagerten Früchte, Kartoffeln etc. dort sehr gut erhalten werden. Ferner gehört ein geräumiger Stall, wo sich jeder sein Schwein, seine Ziege oder seine Hühner halten kann. So braucht der Arbeiter nicht jedes Pfund Fleisch oder seinen Liter Milch zu kaufen.

Endlich gehört zu jeder Wohnung auch ein Garten von etwa 23 bis 24 Quadratruten. So kann sich jeder sein Gemüse, sein Kumpst und seine Kartoffeln, die er für den Sommer braucht, selbst ziehen. Wer noch mehr Land braucht, kann es in der Nähe von Bauern billig pachten. Außerdem liefert die Zeche für den Winter Kartoffeln zu billigen Preisen. Dabei beträgt die Miete für ein Zimmer (mit Stall und Garten) nur 4 Mark monatlich, für die westfälischen Verhältnisse jedenfalls ein sehr niedriger Preis. Außerdem vergütet die Zeche für jeden Kostgänger monatlich 1 Mark. (...) Die ganze Kolonie ist von schönen breiten Straßen durchzogen, Wasserleitung und Kanalisation sind vorhanden. Abends werden die Straßen elektrisch erleuchtet. Vor jedem zweiten Hause liegt noch ein Vorgärtchen, in dem man Blumen oder noch Gemüse ziehen kann. Wer es am schönsten hält, bekommt eine Prämie. In der Kolonie wird sich in nächster Zeit auch ein Konsum befinden, wo allerlei Kaufmannswaren, wie Salz, Kaffee, Häringe usw. zu einem sehr billigen Preise von der Zeche geliefert werden, auch wird dort ein Fleischkonsum eingerichtet werden. (...) Für die Kinder sind dort 2 Schulen erbaut worden, sodass sie nicht zu weit zu laufen brauchen, auch die Arbeiter haben bis zur Arbeitsstelle höchstens 10 Minuten zu gehen. Bis zur nächsten Bahnstation braucht man etwa eine Stunde. [...]

Wer sparsam ist, kann noch Geld auf die Sparkasse bringen. Es haben sich in Westfalen viele Ostpreußen mehrere Tausend Mark gespart. Das Geld ist dann wieder in die Heimat gekommen, und so hat die Heimat auch etwas davon gehabt. Überhaupt zahlt diese Zeche wohl die höchsten Löhne. Feierschichten kommen dort nicht vor, vielmehr Überschichten, sodass Arbeiter immer Verdienst haben werden. Entlassungen masurischer Arbeiter werden, außer dem Falle grober Selbstverschuldung nicht vorkommen. Masuren! Es kommt der Zeche hauptsächlich darauf an, brave, ordentliche Familien in diese ganz neue Kolonie hineinzubekommen. Ja, wenn es möglich ist, soll diese Kolonie nur mit masurischen Familien besetzt werden. So bleiben die Masuren ganz unter sich und haben mit Polen, Ostpreußen usw. nichts zu tun. Jeder kann denken, dass er in seiner masurischen Heimat wäre.«[4]

Masurinnen

Dieser Aufruf aus dem Jahre 1887 beweist, dass der Bau von Zechenkolonien durch die Bergwerksunternehmer vor allem der Anwerbung von Arbeitskräften diente. Der Verweis auf »Felder, Wiesen und Wälder« war in Bezug auf die Adressaten dieses Aufrufes nicht nur »werbepsychologisch« richtig, sondern stimmte auch noch im wesentlichen mit der Wirklichkeit überein, auch wenn die Propagandisten der »Vorbedingungen guter Luft« gerade dabei waren, diese zu verpesten.

Die meisten Zechenhäuser passten sich indessen den herkömmlichen Lebensverhältnissen der Kötter, Heuerlinge oder Kätner an, hatten Gemüsegärten und Stallungen zur Selbstbewirtschaftung. Weil der private Wohnungsmarkt nichts hergab, waren die Bergwerksgesellschaften geradezu zum Werkswohnungsbau gezwungen. Räumliche und soziale Bindung war eine wichtige Funktion des Arbeiterwohnungsbaus. Darüber hinaus ging es aber wesentlich auch um die soziale Kontrolle und Disziplinierung der Koloniebewohner. So konnten theoretisch die isoliert gelegenen Kolonien im Extremfalle vollkommen abgesperrt werden. So genannte »Häuserverwalter« (Blockwarten ähnlich) übernahmen die alltägliche Kontrolle und Bespitzelung, waren Werkpolizisten, Hausspione und politische Spitzel in Personalunion. Ziel war es stets, aus den Lohnarbeitern brave paternalistisch denkende Bergleute zu machen. Das musste nicht unbedingt gelingen: Der gemeinsame Lebenszusammenhang, die Solidarität, die sich in der Rede von den »Kumpels« für »Bergarbeiter« niederschlägt (vielleicht das einzige Beispiel eines sozialen Tops als Berufsbezeichnung), konnte sich aufgrund der

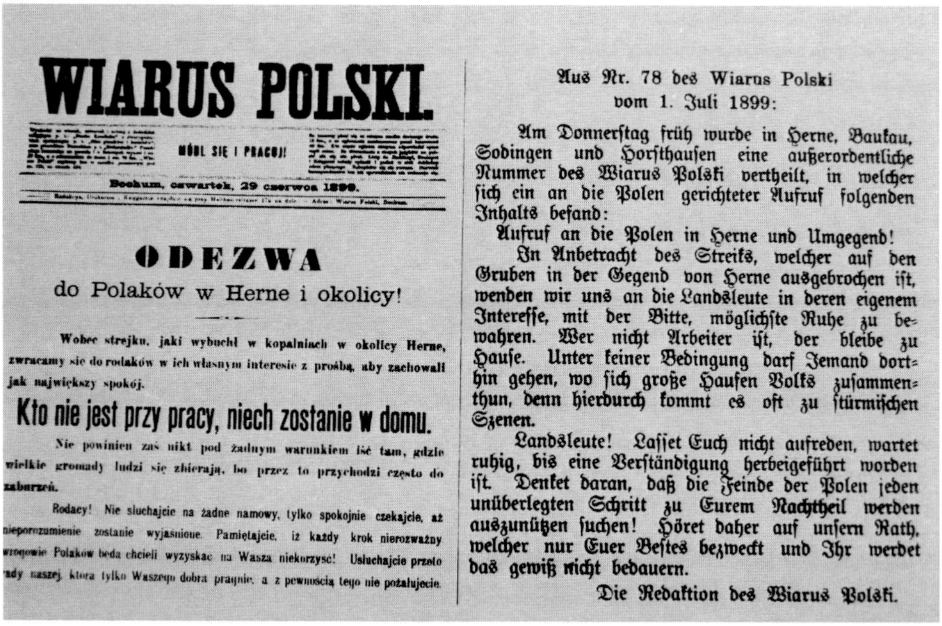

WIARUS POLSKI.

MÓDL SIĘ I PRACUJ!

Bochum, czwartek, 29 czerwca 1899.

ODEZWA

do Polaków w Herne i okolicy!

Wobec strejku, jaki wybuchł w kopalniach w okolicy Herne, zwracamy się do rodaków w ich własnym interesie z prośbą, aby zachowali jak największy spokój.

Kto nie jest przy pracy, niech zostanie w domu.

Nie powinien zaś nikt pod żadnym warunkiem iść tam, gdzie wielkie gromady ludzi się zbierają, bo przez to przychodzi często do zaburzeń.

Rodacy! Nie sluchajcie na żadne namowy, tylko spokojnie czekajcie, aż nieporozumienie zostanie wyjaśnione. Pamiętajcie, iż każdy krok nierozważny wrogowie Polaków będą chcieli wyzyskać na Waszą niekorzyść! Usłuchajcie przeto rady naszej, która tylko Waszego dobra pragnie, a z pewnością tego nie pożałujecie.

Aus Nr. 78 des Wiarus Polski vom 1. Juli 1899:

Am Donnerstag früh wurde in Herne, Baukau, Sodingen und Horsthausen eine außerordentliche Nummer des Wiarus Polski vertheilt, in welcher sich ein an die Polen gerichteter Aufruf folgenden Inhalts befand:

Aufruf an die Polen in Herne und Umgegend!

In Anbetracht des Streiks, welcher auf den Gruben in der Gegend von Herne ausgebrochen ist, wenden wir uns an die Landsleute in deren eigenem Interesse, mit der Bitte, möglichste Ruhe zu bewahren. Wer nicht Arbeiter ist, der bleibe zu Hause. Unter keiner Bedingung darf Jemand dorthin gehen, wo sich große Haufen Volks zusammenthun, denn hierdurch kommt es oft zu stürmischen Szenen.

Landsleute! Lasset Euch nicht aufreden, wartet ruhig, bis eine Verständigung herbeigeführt worden ist. Denket daran, daß die Feinde der Polen jeden unüberlegten Schritt zu Eurem Nachtheil werden auszunützen suchen! Höret daher auf unsern Rath, welcher nur Euer Bestes bezweckt und Ihr werdet das gewiß nicht bedauern.

Die Redaktion des Wiarus Polski.

besonderen räumlichen und sozialen Situation des Wohnquartiers im außerbetrieblichen Bereich fortsetzen.

Zur räumlichen Segregation kam die soziale: Als »Pollacken« und »Koloniebewohner« verschrien, wurde ihnen der Verkehr mit der einheimischen Bevölkerung (vor allem der Kinder mit den Kindern der »Vollbürger«) erschwert oder gar unmöglich gemacht und der Zugang zu Institutionen und Vereinen des alteingesessenen Arbeiter- und Kleinbürgertums verwehrt. Diese Ablehnung verstärkte das Zusammengehörigkeitsgefühl und machte es notwendig, eigene Institutionen und Vereine aufzubauen.

Im Sommer 1899 kam es zur so genannten Herner Polenrevolte, einem wilden Streik polnischsprachiger Bergleute, der sich bald nach Gelsenkirchen ausweitete und in große Straßendemonstrationen mündete. Die Regierung setzte Polizei, 2000 Fußsoldaten und 150 berittene Militärs gegen die aufmüpfigen Schimanskis und Kaczmareks in Marsch. Nach 12 Tagen war der Streik durch geballten Militäreinsatz, in diesen Tagen die ultima ratio des Obrigkeitsstaates, niedergeschlagen. Die Bilanz war bitter: Zwei tote und dreißig verletzte polnische Bergleute, dazu fünfzig Verhaftete, die zu drakonischen Gefängnisstrafen verurteilt wurden.

Diese Erfahrung und die Erkenntnis, von den deutschen Arbeiterorganisationen im Stich gelassen zu sein, stimulierte die Selbsthilfepotenziale und führte zum Aufbau einer polnischen Gewerkschaft und eines weit verzweigten Organisationsnetzes aus Vereinen, das durch eigene Banken und Zeitungen ergänzt wurde. Auf dem Höhepunkt gehörten dieser polnischen Parallelgesellschaft im Revier fast 900 Vereine und gut 80.000 Mitglieder an. Es war diese polnische Welt, in der sich leben und überleben ließ. Vor der preußischen Polizei und ihren Spitzeln konnte man zu Versammlungen über die Grenze nach Holland ausweichen. Gleichzeitig förderte diese Selbsthilfe der polnischen Bergleute natürlich das Misstrauen der Behörden. Bottrop bekam damals die Stadtrechte versagt, weil dort zu viele Polen lebten, und in Dortmund wurde eine Polenüberwachungsstelle eingerichtet. Wie es unter diesen Umständen mit der Integration der Einwanderer aussah, verdeutlicht die Tatsache, dass bis zum Ersten Weltkrieg kaum Mischehen zwischen Polen und Deutschen registriert wurden.

Und doch passten sich im Laufe der Zeit die meisten Polen der städtischen Gesellschaft bereitwillig an, stiegen in den Rang gelernter Arbeiter auf, der im gesamten Industriebereich am besten bezahlt war. Sie erstrebten und erhielten schließlich Einfluss in Gremien, die über beachtliche wirtschaftliche, gesellschaftliche und politische Macht verfügten. Gleichzeitig kämpften sie zäh darum, die Eigenart ihres Volkes zu bewahren und sie auch ihren Kindern aufzuprägen. Die Polen wurden weder »aufgesogen« noch umgewandelt. Von einem »Schmelztiegel« kann – jedenfalls bis 1933 – überhaupt keine Rede sein. Das lag sicherlich auch daran, dass die so genannten Alteingesessenen spätestens seit der Jahrhundertwende selbst zur Minderheit geworden waren. Aus Dörfern waren erst allmählich Städte geworden, die Verhältnisse blieben in Bewegung: Wer 5 bis 10 Jahre in einer Stadt wohnte, gehörte gewissermaßen zum Kern der Bevölkerung. Von dieser langfristig anwesenden Bevölkerung machten die Polen einen Großteil aus.

1930 zählten die Polen in Bottrop etwa zu 100% zu den gelernten Arbeitern (Vollhauer), bei den Deutschen galt dies nur für etwas mehr als die Hälfte. Dies spricht deutlich dafür, dass aufstiegsorientierte Polen im Beruf, zumindest im Bergbau, nicht diskriminiert wurden.

Darüber hinaus schlossen sich die Polen recht bald zu einer starken Gewerkschaft, dem ZZP zusammen, über die sie sich an der Wirtschaftspolitik beteiligten und erreichten über diese den Zugang zu den wichtigen Knappschaftsräten. Und das ZZP war ein höchst wichtiges Instrument der Beteiligung an Streikaktionen und damit endgültig ein wichtiger Faktor der Beteiligung am Wirtschaftsleben im Ruhrgebiet insgesamt.

Die Beziehungen zwischen Kirche und Volkszugehörigkeit (überwiegender Katholizismus) waren zunächst problematisch. Die Polen bestanden auf Seelsorge in vertrauter und verständlicher Form. Sie setzten letztlich polnische Gottesdienste durch und standen damit den Deutschen in der jeweiligen Pfarre auf Augenhöhe gegenüber.

Alle Kinder – Deutsche, Polen, Ausländer – besuchten deutsche Schulen, lernten verschiedene Fächer auf Deutsch und pflegten die deutsche Sprache. Die Notwendigkeit, die Kinder als Polen aufzuziehen, war ein ständiges Thema im »Wiarus Polski«, der auflagenstarken Zeitung in polnischer Sprache. Da es verboten war, dies in den offiziellen Bildungseinrichtungen zu tun, lastete die Aufgabe auf den Eltern und der polnischen »community« allgemein. Der häusliche Umgang mit der polnischen Sprache, das Feiern polnischer Feste und die Mitgliedschaft in zahlreichen polnischen Vereinen und Organisationen – dies waren die Instrumente einer polnisch geprägten Bildung. Und diese war geeignet, auf ein Leben im industriellen Ballungsgebiet vorzubereiten und darüber hinaus die kulturellen Eigenarten zu bewahren, die ihnen das vertraute Milieu vermittelte.

Der Sprachenerlass der Bergpolizeiverordnung von 1899 spitzte den deutsch-polnischen Nationalitätenkonflikt dann vorübergehend zu. Danach sollten zugewanderte Arbeiter nur noch dann beschäftigt werden, wenn sie in ausreichendem Maße der deutschen Sprache mächtig seien. Das Ganze wurde mit den tatsächlich nachweisbaren höheren Unfallraten bei polnischen Bergleuten begründet. Auf übersetzte Sicherheitsvorschriften wollte man verzichten. Wie trickreich solche Paragraphen von der polnischen Bevölkerungen unterlaufen werden konnten, zeigen die Reaktionen auf die Anwendung des sogenannten »Sprachenparagraphen«, der Bestandteil des Reichsvereinsgesetzes von 1908 war. Danach war es verboten, in öffentlicher Versammlung polnisch zu sprechen. Durchgesetzt werden sollten solchen Verbote von den Bezirksregierungen, die sich auch durchaus eifrig an die Sache machten. Vielerorts reagierten die Polen mit der Durchführung von stummen Vereins-Versammlungen. Nach deren Verbot wurden über den Umweg von Wahlvereinen geschlossene Veranstaltungen ermöglicht. Die Obrigkeit musste draußen bleiben.

Die Erhaltung der polnischen Gemeinschaft war das wichtigste Ziel einer Vielzahl von Vereinen (1913 waren es 1 471 Organisationen mit weit über 100 000 Mitgliedern), ob Gesangsvereine, Frauenvereine, Theatergruppen oder Sportvereine wie der »Sokol«, der von manchen Deutschen als eine Art paramilitärische Truppe denunziert wurde, die angeblich einen nationalen Befreiungskrieg vorbereitete. Unberechtigterweise, wie sich herausstellte. Vielmehr organisierten die Vereine die Freizeitinteressen der Polen, und dies, ohne zu desintegrieren. Das zeigte sich insbesondere auf politischer Ebene, vor allem kurz vor Ausbruch des Ersten Weltkrieges, als die Polen damit begannen, eine starke Rolle in der Lokalpolitik zu spielen. Der erste Schritt war die Gründung einer polnischen Partei, die schnell mit überzeugenden Wahlergebnissen in die jeweiligen Gemeinderäte gelangte.

Im Laufe des Ersten Weltkriegs wurden die im Reich befindlichen ausländischen Arbeitskräfte (mehr als 300 000 polnische und russische Land- und Industriearbeiter) weitgehend zur Zwangsarbeit verpflichtet, allerdings unter weitaus besseren Bedingungen als im Zweiten Weltkrieg. Eine tiefe Zäsur stellte für die polnische Minderheit im Ruhrgebiet schließlich das Ende des Ersten Weltkriegs dar: Nach Wiederherstellung des polnischen Staates gemäß des Versailler Vertrages kehrten etwa ein Drittel der Auswanderer nach Polen zurück.

Wie stark die Polen sich in eine pluralistische Gesellschaft integriert fühlen mochten, kann der Umstand verdeutlichen, dass jedoch vergleichsweise wenige nach der Wiederbelebung des polnischen Nationalstaates ab 1919 auswanderten. Wenn dieser vermutlich starke Sog sie nicht zu einer Massenabwanderung bewegen konnte, dann müssen sie offenbar im Ruhrgebiet Wurzeln geschlagen haben.

Zusammenfassend kann man also feststellen, dass die Geschichte der ersten »Gastarbeiter« im Ruhrgebiet keinesfalls konfliktlos oder vorurteilsfrei verlief. Immer wieder wurden die Polen in den deutschen Medien als schmutzige und trunksüchtige Stammgäste in später illegalen Schnapskasinos oder als unmoralisch verunglimpft.

Das besondere Merkmal dieser Integrationsgeschichte war es aber, dass es im Laufe der Zeit den Polen immer besser gelang, zwei wichtige Prinzipien erfolgreicher Integrationsprozesse miteinander zu verbinden: Ihre kulturelle Eigenart zu bewahren und sich dennoch am gesellschaftlichen und politischen Leben aktiv zu beteiligen.

Anmerkungen:

1 vgl. dazu insbesondere Adelheid von Saldern: *Polnische Arbeitsmigranten im Deutschen Kaiserreich – Menschen zweiter und dritter Klasse*. In: Nolte, H.-H. (Hrsg.): *Deutsche Migrationen*. Münster 1996, S. 102–113. Die These von der "Erfolgsgeschichte" ist in der Forschung relativ intensiv diskutiert worden. Zur Gesamtproblematik vgl. vor allem Ulrich Herbert: *Geschichte der Ausländerpolitik in Deutschland: Saisonarbeiter, Zwangsarbeiter, Gastarbeiter, Flüchtlinge*. München 2001

2 *Jahrbuch für Gesetzgebung, Verwaltung und Volkswirtschaft*, (= Schmollers Jahrbuch) 14(1890), S.166

3 Vgl. Richard C. Murphy: *Gastarbeiter im Deutschen Reich. Polen im Ruhrgebiet*, Wuppertal 1982, S.46ff

4 Franz-Josef Brüggemeier: *Leben vor Ort. Ruhrbergleute und Ruhrbergbau 1889–1919*, München 1984, S. 25–27

»Gottesfurcht – Vaterlandsliebe – monarchische Gesinnung« Schulverhältnisse im Kaiserreich [1]

Wir betreten einen Klassenraum der Volksschule im Kaiserreich: Vermutlich verfügte er über die Mindestausstattung, die der preußische Kultusminister Falk einst festgelegt hatte: Holzbänke, Tafel, Lehrerpult und Schrank, Wandhaken für Bekleidung, Rechenmaschine und Alphabet. Ob der Klassenschrank die weiteren vorgeschriebenen Lehrmittel wie Globus und Landkarten, Zirkel und Lineal, Lesebuch und Bibel versammelte, bleibt ungewiss. Hermannsdenkmal und Kruzifix an der Wand – sie deuten an, dass neben der Elementarbildung (Lesen, Schreiben, Rechnen) der Unterricht vor allem auf Vaterlandsliebe, Gottesfurcht und monarchische Gesinnung zielte. Und die Pausenglocke auf dem Pult? Sie setzte nicht nur die akustischen Signale für Anfang und Ende der Unterrichtseinheiten, sie war zugleich das Disziplinierungsmittel, das dem »Lehrkörper« immer dann die rechte Geltung verschaffen sollte, wenn Disziplin und Ordnung im Klassenraum unterzugehen drohten: Gleichsam die letzte Instanz vor dem Einsatz des Rohrstockes. Sparsamkeit und Disziplin, erste erzwungen, letztere erwünscht, waren der Volksschule Programm zu Kaisers Zeiten. So heißt es in einer Duisburger Schulordnung von 1875: »Alle Kinder sitzen gerade und in Reihen hintereinander, legen, wenn sie nicht zu schreiben, zu zeichnen etc. haben, ihre Hände geschlossen auf die Schultafel, stellen die Füße parallel nebeneinander auf den Boden und sehen während des Unterrichts dem Lehrer fest ins Auge...« Die gestrenge Schuldisziplin drückte sich als ein unmittelbares Gewaltverhältnis aus mit quasi militärischen Vorschriften für das angepasste Verhalten der Schüler. Kritiker der Volksschule im Kaiserreich bezeichneten sie oftmals als eine »Art Zuchthaus der Gegenwart«. Ob diese tatsächlich so nachhaltig gewirkt haben mag, bleibt angesichts der Alltagsrealität zweifelhaft. Hoffnungslos überfüllte Schulklassen – 80 Schüler pro Klasse galten als durchaus akzeptable Größe – setzten den Unterrichtsambitionen der Lehrer enge Grenzen und ließen sie oftmals zu eher mitleidenswerten Opfern ihres Berufsalltages werden, wenn die Schüler wieder einmal die rigiden Verhaltensregeln durchbrachen und den Lehrkörper ihrerseits mal einfallsreich, mal drastisch drangsalierten. Ihre Klassen galten erst dann als überfüllt, wenn die Räumlichkeiten keinen Platz mehr hergaben. Folgte man den Bestimmungen des Kultusministers Falk , so standen jedem Kind 0,6 m^2 Raum zu.

Keinem anderen Sektor infrastruktureller Entwicklung widmeten sich die jungen Industriegemeinden im Ruhrgebiet derart intensiv wie dem Schulwesen, dessen sozialpolitische Bedeutung vor allem in Preußen schon seit der Mitte des 18. Jahrhunderts im Prinzip erkannt war, als der Staat nicht nur die allgemeine Schulpflicht einführte, sondern sie in der Folgezeit durch eine Reihe von Gesetzen und Regulativen auch zu gestalten suchte. Dabei konkurrierten im Wesentlichen zwei Prinzipien, denen die Schulpolitik im 19. Jahrhundert mehr oder weniger gerecht werden sollte: In herrschaftlicher Perspektive eine Bildungsfunktion zur Entfaltung und Festigung vaterländischer Gesinnung, in liberaler Sicht deren Instrumentalisierung zum Zwecke des Abbaues der »Hindernisse der Zivilisation und Emanzipation der unteren Klassen.« Mit anderen Worten: Der Versuch sozialer Integration durch die Vergabe von Bildungschancen. Immerhin erhielt in der zweiten Hälfte des 19. Jahrhunderts ein Großteil der Bevölkerung jenes Quantum an Elementarbildung, das für die künftige Entwicklung des industriellen Systems unerlässlich erschien.

Der besagte Minister Falk hatte die so genannten Realienfächer gegenüber den gesinnungsmäßig ausgerichteten Inhalten des Unterrichts erheblich aufgewertet, den Kirchen nebenbei die Schulaufsicht genommen, durch staatliche ersetzt und im übrigen ganz auf die ökonomische Effizienz der Volksschule gesetzt. Dies erschien notwendig im sich formierenden industriellen System, das unter den Vorzeichen immer bedeutsamer werdender Differenzierungen und Spezialisierungen der Produktionsprozesse neue Bildungskalkulationen geradezu herausforderte. Zugleich aber wurde das Schulwesen auch zur Sphäre, in dem sich die Widersprüche des gesellschaftlichen und politischen Systems exemplarisch abbildeten: Das Spannungsverhältnis zwischen beschleunigten Modernisierungsprozessen, die alle gesellschaftlichen Ebenen durchdrangen, und einer Tendenz zur Herrschaftssicherung als autoritärer Grundzug der Verteidigung überkommener Machtstrukturen, der Stabilisierung politischer Ordnung und letztlich zur Verabreichung der in solcher Logik erforderlichen Dosis an loyaler, eben monarchischer Gesinnung. Ob dies auf ganzer Linie gelang, bleibt offen, muss aber für die Schulwirklichkeit im Revier eher bezweifelt werden.

Die dortigen Gemeinden erbrachten ihre aufwendigen Leistungen keineswegs freiwillig. Schulen waren im Prinzip erzwungene Dienstleistungen, denn deren Unterhaltung (Bauten, Ausstattung, Lehrerbesoldung) oblag von Rechts wegen den »Schulsocietäten«, d.h. den wirtschaftlich selbständigen Gemeindebewohnern. Die expandierende Industrie hatte eine junge, hoch mobile Bevölkerung an Ruhr und Emscher gelockt, auch mit Versprechungen über ein gut ausgebautes und bestens funktionierendes Schulwesen. Die enormen Zuwachsraten der herbeiströmenden Arbeiterbevölkerung zwangen die Schulentwicklung der Gemeinden zur ständigen Improvisation. Sie erschien gleichsam wie ein Fass ohne Boden. Gähnende Überbelegung der Klassen, katastrophale räumliche Verhältnisse und die ständige Überforderung des kleinen, zumeist schlecht ausgebildeten und dürftig bezahlten Lehrkörpers bestimmten den Schulalltag. Immer wieder klopften neue Schüler an die Türen der Gemeindevorsteher, die sich gezwungen sahen, »Notlösung auf Notlösung zu türmen«. Und die Zechen kümmerten sich nur selten um die Belange der Arbeiterkinder.

In Altenessen etwa, einem der damals größten Industriedörfer im Kaiserreich mit enormen Bevölkerungszuwachsraten und noch größeren Problemen der Infrastrukturentwicklung, lag die durchschnittliche Klassenfrequenz 1872 bei 92,2 Schülern. Das Gelände der neuen evangelischen Volksschule -einem verlockend niedrigen Kaufpreis war es geschuldet- nur wenige Schritte von der Viehrampe des örtlichen Schweinemarktes entfernt. Dieser hatte sich ungeregelt bald als »wilder Markt« zum größten in ganz Deutschland entwickelt. Das verschaffte Altenessen zwar Bekanntheit weit über seine Grenzen hinaus, jedoch um den Preis, dass an den Auftriebtagen Schweineherden das Ortsbild bestimmten, was den Schulalltag durchaus stören konnte »durch das Rufen und Toben der Schweinetreiber und das durchdringende Schreien der jungen Schweine, die zum Teil ausreißen, an den Schwänzen wieder herangetragen werden. (...) Überdies verbreitet sich an der Rampe aus den ankommenden Wagen und dem Dünger daselbst ein ganz penetranter Geruch, den ich sehr gern den Besuchern der Schule ersparen möchte« - so ein angewiderter Bürgermeister in eindringlicher Stellungnahme an den Landrat.

Darüber hinaus war der Marktbetrieb nicht gerade dazu angetan, die Schuldisziplin im Industriedorf zu fördern, bot vielmehr den Schülern ausgiebig Anreiz zum Schwänzen, wenn sie sich als Schweinetreiber ein kleines Taschengeld verdienen konnten – eine Gelegenheit, von der wohl recht häufig Gebrauch gemacht wurde, so das man ihr 1897 durch Polizeiverordnung einen Riegel vorschob. Obwohl die Pflichtstundenzahl mit wöchentlich bis zu 32 Stunden durchaus hoch erschien, verbrachten die Kinder relativ wenig Zeit in der Schule.

Da aber eine Senkung der Klassenfrequenzen von der Regierung höchstens gewünscht, vor Ort aber kaum realisiert werden konnte, blieben nur die repressiven Instrumente von Disziplinierung und »Schulzucht«, die den Schulalltag in den Industriegemeinden des Reviers prägten, wo der Rohrstock regierte und die Unterrichtsstoffe über eine gleichförmige Wiederholungsdidaktik vermittelt, stets auch im Sinne einer antisozialistischen Prophylaxe wirken sollten. Mehr als anderswo war hier die Volksschule als sicherheitspolitisches Frühwarnsystem gedacht, als vermeintlicher »Schutzwall gegenüber sozialistischen und kommunistischen Bestrebungen«.

Noch einmal zu den Verhältnissen im Industriedorf Altenessen: »An welchen Schäden leidet unser Arbeiterstand und wie schaffen wir Hilfe?« so die besorgte Frage des Bürgermeisters 1874 vor dem Gemeinderat, nachdem er zuvor in düsteren Farben das bedrohliche Bild der verwahrlosten Verhältnisse zuwandernder Fabrikarbeiter und ihrer Familien gezeichnet hatte. Die verunsicherten Gemeindehonoratioren setzten ebenso unfreiwillig wie ratlos auf die Weiterentwicklung des örtlichen Volksschulwesens, in der Hoffnung, damit ein Instrument künftiger »Gefahrenabwehr« zu erhalten. Diese Strategie hatte allerdings ihren Preis: Bis 1913 erreichte der Anteil der Schulkosten am gesamten Gemeindesteueraufkommen einsame Spitzenwerte um 64%, weil seit der Jahrhundertwende die Zahl der schulpflichtigen Kinder stetig wuchs. Der förmlich explodierende Schuletat entzog der Gemeindeverwaltung jeglichen Spielraum für andere Ausgaben der Infrastrukturentwicklung oder gar der »sozialen Fürsorge«. Von staatlicher Seite war keine nennenswerte Hilfe zu erwarten. Zuschüsse wurden nur in geringer Höhe gewährt und verhielten sich zu den Gesamtausgaben wie der Tropfen auf den heißen Stein. Wo aber staatliche Hilfe versagte, mussten sich die gebeutelten Industriegemeinden des Ruhrgebietes selbst helfen. Dies konnte vermeintlich nur durch die ständige Erhöhung der Zuschläge zur Einkommensteuer gelingen, die in Altenessen durchschnittlich bei 225% lagen. Damit war die Gemeinde alles andere als ein Steuerparadies, solche Spitzenwerte waren im Revier um die Jahrhundertwende aber durchaus üblich, wenn allein die Ausgaben für das Volksschulwesen davon immerhin bereits 165% »verschlangen«.

Trotz derartiger Anstrengungen blieb die Qualität des Unterrichts in den Gemeinden des Ruhrgebietes weit unter dem Niveau älterer Industriestädte, ganz zu schweigen von den Bedingungen in den reichen »Rentnerstädten«. Die Grundausbildung der Arbeiterkinder im Revier war dürftig. Allmählich aber führten Kostenexplosion und Finanzierungsengpässe zur Überforderung der Gemeinden, deren Bevölkerung sich immer weiter verjüngte. Ein erheblicher Anteil der Bevölkerung war jünger als 15 Jahre und damit schulpflichtig, zahlte keine Steuern, verursachte aber hohe Kosten. Die Gemeinden steckten in einer Misere, aus der nur staatliche Eingriffe einen Weg hätten weisen können. Gemeindeinitiativen zwischen Hamm und Oberhausen, Petitionen an die Ministerien für Finanzen sowie »geistliche und Unterrichtsangelegenheiten« blieben ebenso erfolglos wie entsprechende Vorstöße der Städtetage und sogar der rheinisch-westfälischen Unternehmerverbände, die nunmehr durch die nachteilige Steuerentwicklung in den Gemeinden mobilisiert wurden. Aller Druck auf die politischen Instanzen reichte letztlich nicht aus, um das Gesamtproblem einer Lösung zuzuführen, bevor der Weltkrieg die fruchtlosen Debatten beendete. Ob angesichts derart trister Realitäten die Volksschulen geeignet waren, die in sie gesetzten Erwartungen (Elementarbildung, loyale Staatsbürgererziehung, und die »Eindeutschung« vor allem der polnischen Zuwandererkinder) einzulösen, muss stark bezweifelt werden. Die Zeitgenossen selbst -Politiker, Bildungsplaner und Lehrplanstrategen- haben ihrer Wirksamkeit als Sozialisationsinstanz der gewünschten Art wohl eher misstraut.

Als nach der Jahrhundertwende die Schulprobleme immer drückender wurden, der erwartete Bildungs- und Disziplinierungseffekt der Volksschulen aber noch zweifelhafter erschien, entschieden sich viele Gemeinden, die mangelnde Qualität der schulischen Grundversorgung durch die Einrichtung von Hilfsschulen zu kompensieren. Die Löcher des Systems sollten durch die neuen Instrumente einer Ab- und Aussonderungspädagogik gestopft werden, deren Protagonisten aus »Sorge um die Zukunft des Volkslebens« wenigstens ein Mindestmaß an »Festigung sittlicher Grundsätze« einzulösen gedachten.

Demgegenüber waren Institutionen der »höheren Bildung« in den Industriegemeinden des Reviers eher eine Seltenheit. Die wenigen ambitionierten Bürgerkinder aus einer Gemeinde wie Altenessen, die bis nach der Jahrhundertwende kein höheres Schulwesen in eigener Regie betrieb, mussten sich auf den Weg in die Nachbarstädte machen. Nun wurde die physische Verlorenheit bürgerlicher Zwischenschichten in den Industriedörfern inzwischen daselbst zunehmend als Manko empfunden, dem man durch eine Schulentwicklungspolitik gegenzusteuern gedachte, die ganz darauf zielte, durch Investitionen in höhere Bildung, ein Realgymnasium etwa, weiteres Bürgertum ins Industriedorf zu locken: Bildung als Privileg und vermeintliches Instrument der Stadtentwicklung. Das Realgymnasium sollte gegenüber der proletarischen Volksschule eine bürgerliche Gegenwelt inszenieren, die in Industriedörfern aber eigentlich noch gar nicht existierte. Wenn es jedoch eine »feine« Gegend in Altenessen gab, dann sollte diese neue Anstalt privilegierter Bildung dort stehen, am Kaiser-Wilhelm-Park.

Der Ankauf eines entsprechenden Areals und der repräsentative Neubau kostete die Gemeindekasse 1904 beinahe die gleiche Summe, die sie für Schulbauten zwischen 1850 und 1900 insgesamt ausgegeben hatte. Heraus kam am Ende ein monumentales Gebäude im Renaissance-Stil, das eindringlich die Aufbruchstimmung nachempfand, die die Gemeindevertreter in diesen Tagen ergriffen haben mag, als sie ihr neues Aushängeschild künftiger urbaner Entwicklung präsentieren konnten. Schließlich wollte das aufstrebende Altenessen nunmehr die Stadtrechte, und die Vorstellungen des preußischen Innenministers in dieser Frage legten die Meßlatte ziemlich hoch.

Raumnöte wie die überfüllten Volksschulen kannte der Prachtbau nicht. Die Honoratioren waren vielmehr stolz auf ihr neues Aushängeschild und seine Vorzeigeästhetik aus holländischem Klinker, weißem Fugenputz, eingefügten Sandsteinen, gestaffelt durchbrochenen Giebeln und insgesamt »geschmackvollen Backsteinformen«. Das Portal öffnete sich zu einer großzügigen Wandelhalle, von der breite Flure ausgingen. Kunstverglaste Treppenhausfenster stellten als eingelegte Gemmen die Wissenschaften dar, denen die Schüler in großzügigen Klassen- und Funktionsräumen der oberen Stockwerke nacheifern sollten. Auch das Ambiente sollte stimmen. Zehn Meter hinter die Fluchtlinie zurück verlegt, grenzte das Gebäude direkt an den Park, erhielt einen botanischen Schulgarten sowie einen mit Bäumen bepflanzten Spielplatz mit Turnhof, welcher von Haus und Garten des Direktors und dem östlichen Flügel genügend eingehegt war, »dass es gegen raue Winde möglichst geschützt ist, jedoch dem Sonnenlicht ungehindert Zutritt gewährt«.

Solch ein Gymnasium war offensichtlich mehr als ein bloßes Zweckgebäude. Es wurde gleichsam zum herausgeputzten Symbol der Abgrenzungsbedürfnisse industriedörflicher Führungsschichten, denen ansonsten der raue Wind einer Arbeitergemeinde ins Gesicht bließ. Bürgerliche Zwischenschichten mussten sich hier erst etablieren, so das ihre Ambitionen darauf abzielten, durch Bildung, Kultur und Prestige den Mangel an urbaner Entfaltung zu kompensieren und so noch am ehesten die Konturen eines bürgerlichen Profils heraus zu arbeiten. Derartige Investitionen schöpften aber aus chronisch knappen Finanzetats, die dadurch über Gebühr belastet wurden. Die Initialwirkung gehobener Bildungsmöglichkeiten auf den erhofften Zuzug weiteren Bürgertums wurde indes weit überschätzt, so dass die kühne Rechnung nicht aufgehen konnte: In Altenessen fehlten auch künftig nicht nur die Bürgersteige, sondern die Bürger selbst. Schulentwicklungspolitik dieser Art erschien nicht nur prestige- sondern auch desorientiert, stand sie doch in krassem Widerspruch zu den uneingelösten Bedürfnissen der Arbeiterbevölkerung nach schulischer Grundversorgung mit elementarer Bildung. Diese wurde von den Verantwortlichen stets eher als Last empfunden, die man zwar nicht auf andere Träger abwälzen, jedoch auf ein Mindestmaß reduzieren konnte. Damit ließ sich auch die eingebildete oder reale »Gefahr« der sozialen und politischen Sprengkraft von Bildung auf ein Minimum reduzieren, indem man das, was Unterschichtenkinder lernen sollten, sparsam dosierte und darüber hinausgehende Ziele aus der Volksschule fernhielt. Dies geschah allerdings auch um den Preis, dass die sozialpsychologischen Effekte, die man sich von der Volksschule versprach, weitgehend ausbleiben mussten. So weit erkennbar, ist es ihr nicht gelungen, die politische Orientierung der Arbeiterschaft im Ruhrgebiet nachhaltig zu bestimmen.

Vielmehr lässt sich am Beispiel des Schulwesens im Revier geradezu exemplarisch das Auseinanderklaffen von Anspruch und Wirklichkeit in einer Gesellschaft studieren, die auch im industriellen Ballungsgebiet durch den Widerspruch geprägt war, dass ein partieller Trend zur Modernisierung stets auf einen autoritären Grundzug zur Verteidigung der herrschenden Verhältnisse stieß.

Anmerkungen

1 zuerst erschienen in: *Die Erfindung des Ruhrgebietes. Arbeit und Alltag um 1900*. Hrsg. v. Ruhrlandmuseum Essen, Essen 2000, 237–256

Als »Bildung für alle« erfunden wurde ...
100 Jahre Volkshochschule Wuppertal

Die Gründungswelle

1918/19: Das Kaiserreich war am Ende, die junge Weimarer Republik steckte noch in den Kinderschuhen. Es herrschte gesellschaftliche Aufbruchstimmung, auch und gerade in Sachen »Volksbildung«.

Dies erschien notwendig in einem hoch entwickelten industriellen System, das unter den Vorzeichen immer bedeutsamer werdender Differenzierungen und Spezialisierungen der Arbeits- und Produktionsprozesse neue Bildungsüberlegungen geradezu herausforderte. Denn zu Kaisers Zeiten noch war das Schul- und Bildungswesen eher ein Bereich, in dem sich die Widersprüche des gesamten gesellschaftlichen und politischen Systems geradezu exemplarisch abbildeten: Gemeint ist das für die Kaiserzeit typische Spannungsverhältnis zwischen beschleunigten, vor allem wirtschaftlichen Modernisierungsprozessen auf der einen Seite, welche alle gesellschaftlichen Ebenen nachhaltig durchdrangen, und einer seltsamen Tendenz zur Herrschaftssicherung und zur Verteidigung überkommener Machtstrukturen auf der anderen Seite.[1] Es ging um nichts weniger als die Stabilisierung politischer und gesellschaftlicher Ordnung gegenüber echten oder eingebildeten Gefahren durch die aufstrebende Arbeiterklasse und damit letztlich um die Verabreichung einer in solcher Logik erforderlichen Dosis an loyaler, das hieß monarchischer Gesinnung im Volk. Im kaiserlichen Erlass vom 1.5.1889 an das preußische Staatsministerium über die Grundlagen eines zeitgemäßen Schulunterrichts werden »Gottesfurcht« und »Vaterlandsliebe« als die beiden zentralen Werte ausgegeben, auf deren Basis man den umstürzlerischen demokratischen Bewegungen entgegentreten wollte durch einen »Abbau der Hindernisse der Zivilisation und Emanzipation der unteren Klassen«.

Alles vorbei 1918/19: Der erste Weltkrieg war zu Ende, der Kaiser hatte abgedankt und mit ihm ein völlig verkrustetes politisches und gesellschaftlich ebenso starres wie ungerechtes System.

Dies alles galt es nun in demokratischer Perspektive zu überwinden. In diesem gesellschaftspolitischen Klima entstanden 1919, nach dem Ersten Weltkrieg auch die »Volkshochschulen« der jungen Weimarer Republik. Dieser Prozess folgte dabei recht recht unterschiedlichen Entwicklungslinien. Zu ihren Vorläufern zählte zum einen die so genannte »Universitätsausdehnungsbewegung«, ein – nicht nur lexikalisch und semantisch – breit angelegter Versuch zur Popularisierung akademischer Wissensbestände gegen Ende des 19. Jahrhunderts. Dazu zählte ebenso ein entwickeltes öffentliches Vortragswesen, das in der Mitte und im ausgehenden 19. Jahrhundert seinen Ursprung in den Arbeiter- und Handwerker-Bildungsvereinen hatte.

»Man hat inzwischen fast vergessen, dass die Erwachsenenbildung unter allen Bildungsinstitutionen die einzige ist, die aus der demokratischen Bewegung des Bürgertums und der Arbeiterklasse hervorging.«[2] Im Artikel 148 der Weimarer Reichsverfassung von 1919 wurde die Förderung des Bildungswesens, einschließlich der Volkshochschulen, dann erstmalig gesetzlich verankert. Dieser Grundsatz folgte dem Prinzip, die neue demokratische Staatsform durch entsprechende Bildungsangebote zu fundamentieren und in einer »freien Volksbewegung« zu verankern. »Bildung für alle« als gleichsam populäres Motto für eine Schule der Demokratie. Wie jeder Staat brauchte auch die junge, noch dazu demokratische Republik Bürger, die sie trugen, wenn nicht ihre Existenz von Beginn an gefährdet werden sollte. Der gravierende Mangel aber lag insbesondere darin, dass die Pädagogen selbst nicht auf das vorbereitet sein konnten, wofür sie letztlich erziehen sollten. So zeigte sich schon bald, dass eine »Demokratie ohne Demokraten« nicht lebensfähig sein konnte; dies umso weniger, als sie 1918 nur von einer Minderheit gewollt wurde und selbst dieser Minderheit ein entwickeltes Konzept fehlte.

Der Wuppertaler Impuls

Doch im damaligen Wuppertal war man offenbar der Zeit schon deutlich voraus. Zarte Wurzeln dieser Bewegung gab es nämlich bereits längst in vordemokratischer Zeit: Barmen 1912.[3] Schon zu Kaisers Zeiten bot dort eine neu eingerichtete »Volkshochschule« die ersten Kurse für ein breiteres Publikum an: Eine weitere und vermutlich längst vergessene Pionierleistung aus den Modernisierungszentren Barmen/Elberfeld, wo schon im 19. Jahrhundert wichtige Modernisierungsimpulse in der industrialisierten Gesellschaft gesetzt wurden. Zum Beispiel auch in Sachen Bildung und dies zunächst auf Vereinsebene: Seit 1865 im »Allgemeinen Bildungsverein« Barmen, aber auch im »Naturwissenschaftlichen Verein« (seit 1846) oder im »Bergischen Geschichtsverein« (seit 1863). Die Mitgliedschaft dort war – zumindest der Idee nach – nicht an Stand und Herkunft gebunden, man wandte sich aber vor allem an das wohlsituierte Bürgertum. Dabei ging es auch um Bildung und nicht zuletzt um Geselligkeit im Rahmen eines gepflegten Vortragswesens.[4] Vereine bildeten die gesellschaftliche Realität jedoch nicht vollständig ab. Die zunächst elitären Organisationsformen der Bürger wurden erst später erfolgreich kopiert: Durch die Handwerker- und Arbeiterbildungs- sowie die Frauenwahlrechtsvereine, in Wuppertal z.B. schon 1846 im Arbeiterbildungsverein Elberfeld oder Adolf Kolpings »Katholischem Gesellenverein«, später durch den »Arbeiterbildungsauschuß Elberfeld-Barmen.« In liberaler Perspektive wurde die heiß diskutierte »soziale Frage« zur »Bildungsfrage« umformuliert, in den liberalen Arbeitervereinen die Qualifizierung des Arbeiters gar zur dessen »Veredelung« erhoben, als probates Mittel zur »Hebung des Arbeiterstandes«. Erst Wilhelm Liebknecht stellte schließlich mit seinem legendären Satz »Wissen ist Macht – Macht ist Wissen« das Verhältnis von Bildung und Freiheit vom Kopf auf die Füße. Seine Devise: Nur im freien Volksstaat kann das Volk Bildung erlangen. Aber noch war es nicht soweit.

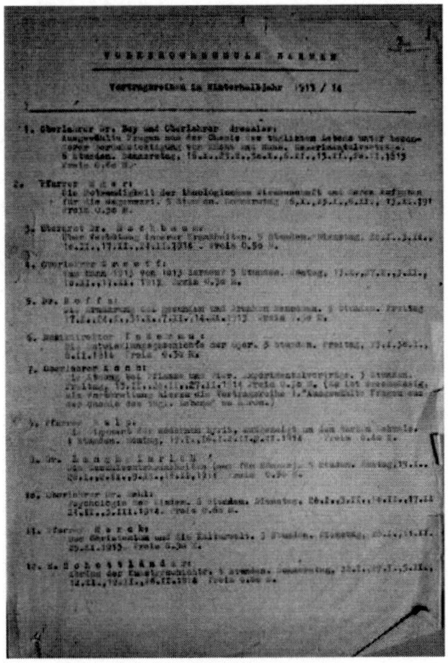

Programm der VHS Barmen, 1913. (Stadtarchiv Wuppertal)

Die ersten öffentlichkeitswirksamen Auftritte der Barmer Volkshochschule 1912 boten denn auch eine ganz eigentümliche Mischung aus vaterländischem Pathos und durchaus modern anmutenden Bildungsgedanken. Das Kursangebot war zwar noch recht dünn, dafür aber die Gebühren moderat: 10 Pfg. pro Stunde, das konnten sich viele Menschen auch in Zeiten knappster Kassen leisten. Bildung für den klammen Geldbeutel – und dies lange vor den postulierten demokratischen Aufbrüchen. Ort des Geschehens: Das Realgymnasium Sedanstraße, wo über 400 Menschen an den ersten Kursen teilnahmen. Die neue VHS startete mit gerade einmal 7 Kursen, ehrenamtlich durchgeführt von 6 Oberlehrern und 2 Medizinern. Mit Dr. Theodor Hoffa war dort auch ein hoch angesehener jüdischer Kinderarzt dabei, der später von den Nazis in die Emigration gezwungen wurde. Treibende Kraft dieser Pionierleistung in Sachen Volksbildung war der Barmer Gymnasiallehrer und spätere langjährige Beigeordnete der Stadt Julius Gessler, der geschickter Weise gleich auch einen rührigen Gründungausschuss mit ins Leben gerufen hatte: Den so genannten »Barmer Ausschuss für Volkshochschul-Kurse«. Dieser verstand sich durchaus auch auf die Mobilisierung von Öffentlichkeit und lancierte am 4. Januar 1912 einen entsprechenden Aufruf in die auflagenstarke Lokal-Presse, welcher zugleich das erste historische Dokument über die Gründung der Volkshochschule in Wuppertal ist.

»Die Größe des Strebens nach den Gütern geistiger Kultur, die Stärke des Ringens nach Erweiterung und Vertiefung der Bildung ist der beste, wenn nicht der einzig richtige Maßstab zur Beurteilung der sittlichen Kraft und der Leistungsfähigkeit eines Volkes. (....)

Modernes Leben und Arbeit verlangt von allen ein weit größeres Maß von Kenntnissen und geistigen Fähigkeiten als das Leben zu Großvaters Zeiten. Alle, die vorwärts und aufwärts wollen, sind heute mehr denn je gezwungen, sich täglich mit wissenschaftlichen und technischen Fragen zu beschäftigen. (...)

Ein neuer Versuch, der Lösung der Aufgabe näher zu kommen, soll nun hier in Barmen gemacht werden. Eine größere Anzahl akademisch gebildeter Herren hat sich zu einem Ausschuss zur Errichtung von Volkshochschulkursen zusammengeschlossen. Im Gegensatz zu allen anderen ähnlichen Unternehmungen werden sich die Herren ohne jeden Entgelt in den Dienst der Sache stellen. (...)«[5]

Ein paar Einrichtungen mit der Bezeichnung »Volkshochschule« gab es in Deutschland etwa seit der Jahrhundertwende. Dabei war aber mit dem Namen keineswegs festgelegt, um was für eine Art der Einrichtung es sich handelte: »Volkshochschule« nannten sich einerseits einige Bildungsinstitutionen des liberalen Bürgertums, die sich der Verbreitung und Pflege der Kultur sowie der Popularisierung wissenschaftlicher Kenntnisse widmeten; »Volkshochschule« hießen andererseits auch die nach dänischem Vorbild gegründeten ländlichen Internatsschulen für Erwachsene in Schleswig-Holstein. Die Idee der Volkshochschulen wurde von Nikolai Frederik Severin Grundtvig in Dänemark entwickelt. Grundtvig vertrat dabei die Überzeugung, dass die Bürger ihre neu eingeführten demokratischen Mitbestimmungsmöglichkeiten nur dann nutzen konnten, wenn sie über eine »zweckmäßige Bildung« verfügten.[6] Er setzte sich deshalb dafür ein, dass auch für Erwachsene Bildungsangebote geschaffen wurden und dass diese für alle zugänglich – d. h. finanziell erschwinglich und ohne selektive Prüfungen – waren, mithin eine »Schule der Demokratie«. Und er schuf damit das Vorbild für die »neue Richtung« der Erwachsenenbildung.

Ob die junge Barmer Pionier-VHS Grundvigs Prinzipien gefolgt ist, mag man mit Recht bezweifeln. Sie blieb letztlich auch eher eine –wenn auch ambitionierte- Vorkriegsepisode. Vermutlich wurden die Aktivitäten bei Kriegsausbruch eingestellt.[7] Bis 1916 gab es in Deutschland ganze 5 Abendvolkshochschulen, 1919 dann bereits 135. Das Reichsministerium des Inneren ermittelte schließlich 1927 insgesamt 215 Volkshochschulen in ganz Deutschland.[8] Dieses »Volkshochschulgründungsfieber« zu Beginn der jungen Republik spiegelte nicht zuletzt die Aufbruchsstimmung und die Erwartungen all derer wider, die sich nun über »neue Bildungschancen für alle« nicht nur die Abkehr von der als ebenso so spießig wie ungerecht erfahrenen Lebenswelt des Kaiserreiches sondern künftig auch neue Lebens- und Karrierechancen durch Bildung erhofften. Lange vor dieser ersten »Gründungswelle« aber existierte in Wuppertal die erwähnte Pioniereinrichtung: In gewisser Weise ein weiterer Impuls aus dem bergischen Modernisierungszentrum.

Eine Erfolgsgeschichte

"*Arbeitsgemeinschaft*" *der Volkshochschule*

Nach der Zäsur des Ersten Weltkrieges schrieb denn auch die Barmer Volkshochschule mit ihrem damaligen Leiter Otto Romünter Erfolgsgeschichte: Eine Bildungsinstitution im Aufschwung, noch dazu demokratisch verfasst und jetzt konsequent dem Gedanken einer »Bildung für alle« verpflichtet.[9] Und auch die Stadt förderte dieses ambitionierte Projekt: Der Antrag des »Ausschusses für Volkshochschulkurse« auf städtische Unterstützung vom 28. Juli 1919 wurde jedenfalls positiv beschieden: Die Stadtverordneten bewilligten die damals nicht unbeträchtliche Summe von 30.000 Mark für die Durchführung von Abendkursen. Die Volkshochschule war in der kommunalen Haushaltsplanung angekommen und wurde als Aufgabe kommunaler Daseinsvorsorge akzeptiert. Der Ausschuss blieb in den folgenden Jahren weitgehend selbständig, auch wenn es der Vorsitzende Julius Gessler inzwischen zum städtischen Dezernenten gebracht hatte und nicht nur in der Verwaltung Karriere machte, sondern als DDP-Abgeordneter auch in den preußischen Landtag gewählt wurde. Mit Dr. Else Kemper (später Kemper-Bröckelschen) tauchte jetzt auch die erste Frau (und

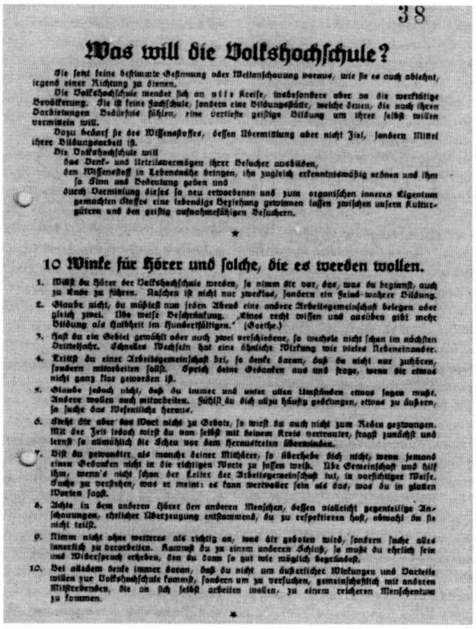

38

Was will die Volkshochschule?

Sie setzt keine bestimmte Gesinnung oder Weltanschauung voraus, wie sie es auch ablehnt, irgend einer Richtung zu dienen.

Die Volkshochschule wendet sich an alle Kreise, insbesondere aber an die werktätige Bevölkerung. Sie ist keine Fachschule, sondern eine Bildungsstätte, welche denen, die nach ihren Darbietungen Bedürfnis fühlen, eine vertiefte geistige Bildung um ihrer selbst willen vermitteln will.

Dazu bedarf sie des Wissensstoffes, dessen Übermittlung aber nicht Ziel, sondern Mittel ihrer Bildungsarbeit ist.

Die Volkshochschule will
das Denk- und Urteilsvermögen ihrer Besucher ausbilden,
den Wissensstoff in Lebensnähe bringen, ihn zugleich erkenntnismäßig ordnen und ihm so Sinn und Bedeutung geben und
durch Vermittlung dieses so neu erworbenen und zum organischen inneren Eigentum gemachten Stoffes eine lebendige Beziehung gewinnen lassen zwischen unsern Kulturgütern und den geistig aufnahmefähigen Besuchern.

★

10 Winke für Hörer und solche, die es werden wollen.

1. Willst du Hörer der Volkshochschule werden, so nimm dir vor, das, was du beginnst, auch zu Ende zu führen. Naschen ist nicht nur zwecklos, sondern ein Feind wahrer Bildung.
2. Glaube nicht, du müßtest nun jeden Abend eine andere Arbeitsgemeinschaft belegen oder gleich zwei. Übe weise Beschränkung. „Eines recht wissen und ausüben gibt mehr Bildung als Halbheit im Hundertfältigen." (Goethe.)
3. Hast du ein Gebiet gewählt oder auch zwei verschiedene, so wechsle nicht schon im nächsten Dritteljahr. Schnelles Wechseln hat eine ähnliche Wirkung wie vieles Nebeneinander.
4. Trittst du einer Arbeitsgemeinschaft bei, so denke daran, daß du nicht nur zuhören, sondern mitarbeiten sollst. Sprich deine Gedanken aus und frage, wenn dir etwas nicht ganz klar geworden ist.
5. Glaube jedoch nicht, daß du immer und unter allen Umständen etwas sagen mußt. Andere wollen auch mitarbeiten. Fühlst du dich allzu häufig gedrungen, etwas zu äußern, so suche das Wesentliche heraus.
6. Steht dir aber das Wort nicht zu Gebote, so wirst du auch nicht zum Reden gezwungen. Mit der Zeit jedoch wirst du von selbst mit deinem Kreis vertrauter, fragst zunächst und lernst so allmählich die Scheu vor dem Heraustreten überwinden.
7. Bist du gewandter als manche deiner Mithörer, so überhebe dich nicht, wenn jemand einen Gedanken nicht in die richtigen Worte zu fassen weiß. Übe Gemeinschaft und hilf ihm, wenn's nicht schon der Leiter der Arbeitsgemeinschaft tut, in vorsichtiger Weise. Suche zu verstehen, was er meint: es kann wertvoller sein als das, was du in glatten Worten sagst.
8. Achte in dem anderen Hörer den anderen Menschen, dessen vielleicht gegenteilige Anschauungen, ehrlicher Überzeugung entstammend, du zu respektieren hast, obwohl du sie nicht teilst.
9. Nimm nicht ohne weiteres als richtig an, was dir geboten wird, sondern suche alles innerlich zu verarbeiten. Kommst du zu einem anderen Schluß, so mußt du ehrlich sein und Widerspruch erheben, den du dann so gut wie möglich begründest.
10. Bei alledem denke immer daran, daß du nicht um äußerlicher Wirkungen und Vorteile willen zur Volkshochschule kommst, sondern um zu versuchen, gemeinschaftlich mit anderen Mitstrebenden, die an sich selbst arbeiten wollen, zu einem reicheren Menschentum zu kommen.

★

spätere Landtagsabgeordnete) in der Liste der Dozenten auf und lehrte »Deutsche Geschichte«.

Mit der 1919 gegründeten und von den jeweiligen Direktoren der Stadtbibliothek gleichsam im Nebenamt geleiteten Volkshochschule Elberfeld, deren Kurse zumeist in der Höheren Handelsschule am Döppersberg stattfanden, wurde die Barmer VHS schließlich 1929 zur gesamtstädtischen Wuppertaler Einrichtung zusammengefasst. Beide Einrichtungen hatten bis dahin bereits Erfolgsgeschichte geschrieben. Die Belegzahlen erreichten 1926 einen Höhepunkt mit insgesamt ca. 7000 Teilnehmern. Volkshochschulen wurden 1919 auch in den damals selbständigen Gemeinden Cronenberg, Ronsdorf und Vohwinkel gegründet. Sie blieben jedoch ein nur kurzes Intermezzo: Noch vor der Bildung der Stadt Wuppertal 1929 hatten sie ihre Aktivitäten wieder weitgehend eingestellt.

Vom Dozenten zum Reiseunternehmer: Hubert Tigges

Zu den populärsten Dozenten mit treuer und fester Anhängerschaft zählte damals der Volkswirt und spätere Reiseunternehmer Dr. Hubert Tigges. Die Volkshochschule wurde sein unternehmerisches Sprungbrett.[10]

Hubert Tigges wurde als ältestes von 12 Kindern im sauerländischen Förde geboren. Die Verhältnisse waren bescheiden: Der Vater arbeitet in einer Dynamitfabrik, bringt mit Mühe die große Familie durch, ermöglicht es seinem Sohn Hubert jedoch, das Gymnasium zu besuchen. Der Sohn dankt es mit erfolgreichem Abitur und meldet sich 1914 freiwillig zur »Vaterlandsverteidigung«. 1918 kehrt er ernüchtert und von Fronterlebnissen zermürbt aus dem Ersten Weltkrieg zurück. Ein biographisches Schlüsselerlebnis: Hubert Tigges schwört jeder Form des Nationalismus ab und wird zum überzeugten Pazifisten. Er studiert Volkswirtschaft, hört in Freiburg bei Edmund Husserl und promoviert schließlich mit einer Arbeit über den in der Wirtschaftskrise von

Dr. Hubert Tigges

Sozialpolitikern häufig geforderten »Familienlohn«. Tigges gibt sich betont unpolitisch, tendiert aber zu einer Art »linken Katholizismus« und zum zivilisationskritischen Protest der Jugendbewegung gegen die »Auswüchse« der industrialisierten Massenbewegung, für eine »Rückkehr zu sinnerfüllteren Lebensformen«.
Im Sommer 1926 beginnt er eine Dozententätigkeit an verschiedenen Volkshochschulen der Umgebung, u.a. in Barmen, Elberfeld und Ronsdorf. Tigges hatte sich zum überzeugten Europäer entwickelt, war wiederholt wegen antinationalistischer und pazifistischer Themen angefeindet worden und hatte alsbald den »Europakreis (für europäische Bildung«) gegründet, mit dem er regelmäßig »Europafahrten« für die Hörer der Volkshochschulen durchführte.

Krisenjahre

Ende 1925 begannen die »goldenen zwanziger Jahre« der Weimarer Republik, und der »Geist von Locarno« bestimmte eine wieder friedfertige europäische Politik. Aber: »Es war wie eine schöne Fassade, hinter der die unerfreuliche Wirklichkeit«[11] verborgen blieb. Der innere Wohlstand der Republik, so wenig er zu leugnen war, »hatte etwas Maskenhaftes«[12]. Ihre Feinde hatten sich längst formiert, der finstere deutschnationale Inflationsgewinner Hugenberg kontrollierte die Massenmedien, führende Nazis fanden Anschluss an die Eliten in Militär, Landwirtschaft und Industrie, während die Menschen neuen Wohlstand und neue Möglichkeiten genossen.

Dazu zählte neben der neu entdeckten »Reiselust« auch die passende Erweiterung der »Bildungshorizonte«. Die neue Volksbildung in den »Hochschulen des Volkes« steigerte kontinuierlich ihre Belegzahlen, die sich selbst in der Zeit der Weltwirtschaftskrise auf insgesamt hohem Niveau einpendelten. Die später vereinten Barmer und Elberfelder Volkshochschulen brachten es im letzten Jahr ihrer Selbständigkeit auf immerhin noch rund 5000 Kursbelegungen. Dies lag nicht zuletzt in der Tatsache begründet, dass kostenlose Kurse für Arbeitslose angeboten wurden.

Ab 1929 spitzten sich die sozialen und politischen Verhältnisse zu. Dies spürte auch der Wuppertaler Weltbürger aus Wichlinghausen. Seine Themen sind künftig dem Volkshochschulleiter angeblich zu wenig national und zu sehr kosmopolitisch. Tigges stört offenbar den Zeitgeist. Ab 1930 werden seine Vorträge gestrichen.[13] Der schleichende Systemwechsel wird in der VHS offenbar antizipiert. Lediglich seine Arbeitskreise für europäische Fahrten bleiben ihm noch bis 1932 erhalten. Aus den »Gemeinschaftsfahrten Dr. Tigges« entwickelt sich nach dem Weltkrieg ein Erfolgsunternehmen. Es schreibt schließlich mit am Mythos des deutschen »Wirtschaftswunders« und entwickelt eine Traditionsmarke, die bis heute Bestand hat.

Die Volkshochschule aber stand mitten in den lokalen Auswirkungen der Weltwirtschaftskrise vor dem Problem, »sich in der Bildungsarbeit auf das anschwellende Heer der Arbeitslosen einzustellen und die eigene, finanziell bedrohte institutionelle Existenz zu retten.«[14] Etliche Städte versuchten in diesen Jahren durch Kürzung der Mittel oder Schließung, etwas gegen ihre schwindsüchtigen Haushalte zu tun, und manchmal konnte wie in Nürnberg der massive Protest der Hörer/innen dies noch verhindern.[15]

Gleichschaltung

Der eigentliche Ort, an dem die Studienfahrten des Dr. Tigges gleichsam »erfunden« wurden, war nach der »Gleichschaltung« durch die Nazis (die von einer gewissen Form der »Selbstgleichschaltung« antizipiert und begleitet wurde) denn auch recht schnell »abgewickelt«. Der permanente finanzielle Druck der Wirtschaftskrise auf die eben erst fusionierte Kommune diente als willkommenes Argument, diese demokratische Pionier – Einrichtung der Weimarer Republik endgültig abzuschaffen. Wegen des KPD-Verbotes hatte die NSDAP bei den Wahlen im März 33 die absolute Mehrheit im Wuppertaler Stadtrat gewonnen. Wenige Tage später, am 1. April 1933, wurde die Volkshochschule Wuppertal als städtische Einrichtung bereits aufgelöst. Einmal dabei löste der damalige Oberbürgermeister Theodor Oskar Louis Julius Friedrich gleich auch das städtische Orchester mit auf, wollte zudem Oper und Theater schließen.

Theodor Oskar Louis Julius Friedrich

Der Mann – seit 1931 im Amt – war ganz offensichtlich kein Freund der Volkshochschule, erledigte sein Amt aber in aufwühlenden Zeiten: Weltwirtschaftskrise, Massenarbeitslosigkeit, wegbrechende Steuereinnahmen und Terror auf der Straße: SA marschierte in Wuppertal besonders brutal, es gab Verletzte und es gab Tote. Friedrich hat die Machtübertragung an die NSDAP in Wuppertal nach Kräften gefördert, die Verwaltung von unerwünschten Mitarbeitern »gesäubert«, missliebige Dezernenten entlassen: Dies alles in vorauseilendem Gehorsam gegenüber den künftigen Machthabern.

Dennoch – der konservative Kommunalpolitiker war kein Nazi, er wurde erst 1937 im Amt durch einen Nationalsozialisten ersetzt: eine Ausnahme in deutschen Großstädten, aber keine untypische deutsche Beamtenkarriere mit deren Bewertung sich die britische Besatzungsmacht nach dem Kriege schwer tat. Er war gleichermaßen »Täter«

wie »Opfer«. Friedrich erhielt schließlich vom evangelischen Generalsuperintendenten im Rheinland einen »Persilschein«.[16]

Und die Volkshochschule? »Das Misstrauen der Nazis in jene (dritte) Bildungsinstitution, die nicht wie Schule und Universität schon aus dem Mittelalter stammte, sondern den demokratischen Emanzipationsbestrebungen der Bürger, der Arbeiter, und -in Dänemark- der Bauern entsprungen ist, war offenbar so abgrundtief, dass man sie nicht für reformierbar hielt, sondern sie lieber erst untergehen ließ, um etwas neues erfinden zu können, das dann an die Stelle der Volkshochschule trat.«[17] Mit Dr. Hannes Ebbers löste ein ehemaliger Dozent und junger, linientreuer Karrierist den verdienten Leiter, Otto Romünter, ab. Die VHS wurde privatisiert, d.h. »auf privater Grundlage im nationalsozialistischen Geiste um- bzw. neu gestaltet.« An die Stelle des neuhumanistischen »Trugbildes der gebildeten Persönlichkeit« (NS-Erziehungsminister Bernhard Rust) trat der Auftrag zur Formung des »nationalsozialistischen Menschen«. Diese orientierte sich am Ethos des Dienstes, des Gehorsams, der Treue, der Opferbereitschaft und der Willenskraft im Dienste der »völkischen Gemeinschaft«. »Volk«, »Blut und Boden« wurden zu zentrale Kategorien von Bildung und Erziehung. Der Herbstplan der VHS 1933 gliederte sich dem gemäß in Abschnitte wie »Volk und Blut«, »Heimat und Boden«, »Nation und Wehrhaftigkeit«. Die Stadt stellte noch Räume, Heizung und Beleuchtung, 3000 RM im Haushalt 1933 und einen einmaligen Barzuschuss von 750 RM.

Es folgte ihre »Gleichschaltung« im »Deutschen Bildungswerk der Deutschen Arbeitsfront« und die Eingliederung in die NS-Gemeinschaft »Kraft durch Freude« (KDF).[18] Widerstand zwecklos. Der Amts enthobene Leiter gab später an, noch nach »der Machtergreifung« versucht zu haben, einen Artikel pro Volkshochschule in einer großen deutschen Tageszeitung zu platzieren, was aber abgelehnt wurde. Das war's. Der Rest war Schweigen, und dies ist durchaus wörtlich zu nehmen, wie die Erinnerungen Otto Romünters zeigen, der eher am Rande notiert: »Auch sonst haben sowohl Hörer und Hörerinnen als auch Dozenten und Dozentinnen versucht, weiter in der Stille im Sinne der Volkshochschule, also auch im Geiste der Toleranz, zu wirken.«[19] Wie das konkret aussah, bleibt offen.

Mit dem Untergang des Nazi-Regimes entstehen in Deutschland die Volkshochschulen neu. Der Impuls kommt diesmal von außen: Die Erwachsenenbildung wird von den Alliierten zum Zwecke einer demokratischen Erneuerung (»Re-education«) gefördert.

Kontinuitäten: Der Leiter kehrt zurück.

1946 wird der ehemalige auch gleich der neue Leiter und bleibt es bis 1958: Otto Romünter. 1893 geboren in Barmen, besuchte er die Höhere Fachschule für Textilindustrie, wurde Soldat im Ersten Weltkrieg und dabei Leiter von Regiments-Nachrichtenschulen. Neben dem Fronteinsatz gab er Unterricht für ca. 800 Soldaten in diversen Arbeitsgruppen. Aus dem Krieg kehrt er mit schweren Verletzungen zurück und wird 1918 Hilfsangestellter bei der Stadtverwaltung Wuppertal. Bis 1928 arbeitet er als Berufsberater für Kriegsbeschädigte. Romünter durchläuft die so genannte »Ochsentour« in der Verwaltung: Aufstieg vom Hilfsangestellten, Dauerangestellten und Stadtsekretär zum Verwaltungsrat. 1919 wird er Hörervertreter bei der VHS Barmen und Mitglied des städtischen »Ausschusses für Volksbildung«. Seit 1924 ist er nebenamtlicher Geschäftsführer der Volkshochschule und ab 1930 Leiter der frisch vereinigten Wuppertaler Volkshochschulen, bis die Nazis ihn im März 33 aus dem Amt werfen. Bis 1945 übt er keinerlei Tätigkeit in der Erwachsenenbildung aus.

Otto Romünter

1946 wird er dann zunächst nebenamtlicher Leiter der neuen VHS, später Mitbegründer des Landesverbandes der Volkshochschulen in NRW und von 1951–1958 dann erster hauptamtlicher Direktor der Volkshochschule Wuppertal.

In seiner Amtszeit steigern sich die Hörerzahlen von 1279 im Februar 1946 auf 8773 im Studienjahr 1957. In seiner Wiedereinstellung als Nachkriegs-VHS-Leiter kommt schließlich deutlich zum Ausdruck, dass die inhaltliche Ausgestaltung der kommunalen Weiterbildungseinrichtung an die Kontinuitätslinien der Weimarer Zeit anknüpfen sollte. Dieser Umstand ist für die Geschichte der deutschen Volkshochschulen insgesamt ein typischer Trend.

»Die gedankliche Bewältigung aller der vielen Lebensfragen« – Der Neubeginn als Wiederbeginn

Der Zusammenbruch des »Dritten Reiches« hatte in den Westzonen in pädagogischer Hinsicht zwar einen klaren, von den Alliierten formulierten Auftrag (Entnazifizierung, demokratische »Re-education« im Hinblick auf die Gründung eines Staates westlicher

Prägung) auf die Tagesordnung gesetzt. Die alliierte Militärregierung regte im Juli 45 die Neugründung von Volkshochschulen geradezu an, allerdings unter der klaren Bedingung, das gesamte Bildungswesen so zu überwachen, dass »die nazistischen und militaristischen Lehren vollständig entfernt werden und eine erfolgreiche Entwicklung der demokratischen Ideen überhaupt möglich gemacht wird.« In der Praxis des Alltags aber standen zunächst ganz andere Herausforderungen auf der Tagesordnung: Der Kampf um Subsistenz, ums Überleben im Alltag und die allgemeine Orientierungslosigkeit am Ende von Krieg und Diktatur. Von »Bildung« dürfte in diesen Tagen der Not und des Kampfes ums nackte Überleben kaum die Rede gewesen sein. In dieser Nachkriegszeit bildeten die Volkshochschulen angesichts fehlender Massenmedien und kultureller Einrichtungen aber ein besonders wichtiges Forum der Kommunikation und Begegnung. Im ersten Wuppertaler Arbeitsplan 1946 hieß es zudem: »Es unterliegt keinem Zweifel, dass insbesondere die jetzt heranwachsende Jugend weitgehend erst daran gewöhnt werden muss, auf diese Weise geistig selbständig zu arbeiten, da ihr die geistige Speise in den 12 dunklen Jahren seit 1933 fertig vorgesetzt wurde. So kann sie sich von der Macht des Schlagwortes befreien und nun in der VHS gemeinsam mit anderen Suchenden aus allen Altersklassen und Lebenskreisen an die gedankliche Bewältigung aller der vielen Lebensfragen gehen, die sich jetzt erheben. In der VHS kann alles und jedes besprochen werden. (…)« [20]

Solche Formulierungen knüpften nahtlos an die überkommene, neuhumanistisch geprägte, geisteswissenschaftliche Pädagogik der Weimarer Zeit an. Dieser wurde zugleich auch die künftige Entwicklung einer neuen Erwachsenenbildung überantwortet, mit dem vorläufigen Ergebnis allerdings, dass politik- und gesellschaftswissenschaftliche Aspekte dabei vollständig ausgeklammert blieben.

Aber in der Alltagspraxis hatten sich die Nachkriegsvolkshochschulen noch ganz anderen Fragen und Herausforderungen zu stellen. »Ein besonderes Problem für den Beginn der Erwachsenenbildung nach 1945 war die so nicht erwartete Tatsache, daß die meisten ›Hörer‹ – wie man damals sagte – in den Volkshochschulen Jugendliche und junge Erwachsene bis etwa 30 Jahren waren. Wieweit waren sie von der nationalsozialistischen Erziehung geprägt? Wie konnte man Zugang zu ihnen finden? Welches waren die Nöte und Wünsche?«[21]

Die Volkshochschulen erlebten in den Folgejahren einen wahren Boom: 1947 waren bereits 372 in allen Besatzungszonen wieder eröffnet. 1949 wurden dann über 600 VHSen gezählt, 1953 waren es stolze 1023 mit 2853 Zweigstellen. Kein Zweifel: Weiterbildung hatte jetzt Konjunktur.[22]

Kommunale Trägerschaft aber war damals längst nicht selbstverständlich, nur 40% der VHSen waren städtisch und hauptamtliche Leiter auf dem kommunalen Lohnzettel eher die Ausnahme als die Regel. Anders in Wuppertal. Hier wurde der VHS-Direktor seit 1951 von der Stadt bezahlt.[23] Die VHS-Arbeit erfährt in der Folge eine deutliche Professionalisierung, z.B. in Form einer systematischen Aus- und Weiterbildung der Mitarbeiter und der Organisation von Programminhalten. Und sie bekommt 1972 in Wuppertal eine feste neue Heimat: Das Haus der Erwachsenenbildung in Elberfeld. 1975 verabschiedet das Land NRW in der Ära Kühn schließlich das Weiterbildungsgesetz. Nachdem mit dem Zuschussgesetz von 1953 die Arbeit der Volkshochschulen bereits als öffentliches Interesse anerkannt war, erhält sie durch das Weiterbildungsgesetz nun endlich eine verlässliche Grundlage und gesicherte finanzielle Unterstützung. Die Weiterbildung bekommt in NRW jetzt eine Gesetzesgrundlage, wird zur kommunalen Pflichtaufgabe[24], erhält größere Planungssicherheit und damit mehr Professionalität. Bildungsurlaubsgesetze erlauben künftig auch die (politische) Weiterbildung von ArbeitnehmerInnen, und dies bei voller Lohnfortzahlung: Allesamt historische Meilensteine einer Verallgemeinerung gerade auch der politischen Erwachsenenbildung und Ausdruck eines umfassenden Gestaltungsoptimismus' dieser Zeit.

Von jetzt an schreibt die Wuppertaler Volkshochschule endgültig Erfolgsgeschichte, obwohl sie im Laufe der Jahre immer wieder auch von Mittelkürzungen und Zwängen der schwindsüchtigen kommunalen Haushalte betroffen ist. Die Landesförderung geht bereits ab 1981 wieder zurück. Die VHS entwickelt sich trotzdem im Laufe der Jahre nicht nur zum kommunalen Zentrum in Sachen Weiterbildung auf hohem Niveau, erwirbt dabei in einigen Themenfeldern sogar überregionale Ausstrahlung und Reputation, sie ist darüber hinaus Teil der politischen Kultur der Stadt und stiftet Identität durch Bildung. Rund 40.000 Besucherinnen und Besucher pro Jahr wissen dies heute zu schätzen. Sie erleben die VHS als das kommunale Zentrum einer »Weiterbildung für alle« und zugleich in einen zähen Kampf um die Aufrechterhaltung ihres Bildungsauftrages in Zeiten klammer kommunaler Finanzen und der »Verwaltung des Mangels« verstrickt. Ob sie dabei ihre Wertschätzung als Bildungsgarant für alle Bevölkerungsschichten und sozialen Milieus nicht bereits eingebüßt hat, ist letztlich schwer zu beurteilen. Dass sie aber als Institution »einer Bildung, die sich nicht rechnet« in den schier endlosen Debatten um den Abbau auch verpflichtender Leistungen der kommunalen Daseinsvorsorge einen schweren Stand hat, ist kaum zu übersehen. In zahllosen Qualifizierungsmaßnahmen gelang es der VHS seit der so genannten »realistischen Wende« Ende der 60er Jahre[25] zunehmend, auch bildungsfernen Milieus und perspektivlosen Jugendlichen ohne Schulabschluss eine »Pädagogik der zweiten Chance« anzubieten. Sie fand damit einen Platz im Paradigma der so genannten »Qualifizierungsoffensive« seit 1986, einem milliardenschweren Bündel von öffentlichen arbeitsmarktpolitischen Programmen und Qualifizierungsmaßnahmen vor dem Hintergrund der historisch relativ »neuen« Annahme, dass der Bildung bei der Bewältigung der Zukunftsaufgaben »eine Schlüsselrolle« zukomme.

2005 wird die Wuppertaler Volkshochschule per Ratsbeschluss mit der ehemaligen VHS Solingen zum »Zweckverband Bergische VHS« zusammengeschlossen. Dieser viel diskutierte Schritt, der auch überregionale Aufmerksamkeit fand, beinhaltet Risiken und Chancen zugleich: Wird er als bloße Rationalisierungsmaßnahme missverstanden, um die kommunale Pflichtaufgabe auf das Niveau einer wie auch immer definierten Grundversorgung zurückzuschrauben, läuft die einzige öffentliche Institution, die »Bildung für alle« von Gesetzes wegen verspricht und nur in diesem Versprechen ihre eigentliche Legitimation findet, Gefahr, ihren Bildungsauftrag vollends aus dem Blick zu verlieren. Andererseits hat die »neue« VHS künftig dadurch aber auch die Gelegenheit, an ihre historische Wuppertaler Rolle als Impulsgeberin in Sachen Weiterbildung anzuknüpfen. Diesmal als »Pilotprojekt« einer großen, regional orientierten, kooperativen Einrichtung der Erwachsenenbildung und als dann positives Beispiel interkommunaler Zusammenarbeit im Bergischen Land.

Soziale Verteilung 1921–1932[26]		
Jahr	Arbeiter %	Angestellte %
1921	29	25
1922	36	24
1923	33	29
1924	19	24
1925	21	26
1926	27	30
1927	24	32
1928	22	31
1929	27	30
1930	34	31
1931	38,5	32,3
1932	45,2	29,8

Belegzahlen 1920–1932[27]			
Jahr	VHS Elberfeld	VHS Barmen	gesamt
1920	2962	2635	5597
1921	2566	2081	4647
1922	2760	2205	4965
1923	2753	2639	5392
1924	2414	1596	4010
1925	2745	2542	5287
1926	3108	3576	6684
1927	2803	3170	5973
1928	2543	2885	5428
1929	2530	2516	5046

Belegung nach Themengebieten 1932[28]		
Themengebiet	Belegungszahl	%
Fragen des wirtschaftlichen Zusammenlebens (Soziologie, Politik, Wirtschaft, Recht)	1221	21,6
Naturwissenschaft und Technik	337	6,0
Philosophie, Psychologie	1377	24,3
Geschichte		
Kunst und künstlerisches Gestalten	1229	21.7
Körperschulung	730	12,9
Sonderlehrgänge	103	1,8
Bildungsfragen für Frauen	76	1,3
Gemeinschaften für junge Menschen	229	4,1
Grundlehrgänge (Deutsch)	358	6,3
Gesamt	**5660**	–
1930	6218	–
1931	5664	–
1932	5660	–

Hörergruppen 1948–1957[29]					
Jahr	Belegung %	Arbeiter %	Angestellte %	Schüler und Studenten %	»Hausfrauen« %
1948	2605	17,9	30,4	17,3	14,0
1949	2891	22,4	26,2	19,4	10,2
1950	3016	23,7	27,1	20,0	10,9
1951	3784	25,3	28,8	16,3	9,4
1952	4243	24,9	33,8	10,7	10,7
1953	6624	38,5	31,2	11,3	7,4
1954	6953	35,1	27,4	14,0	9,6
1955	7083	27,5	33,9	15,2	10,3
1956	8345	27,8	34,6	16,2	11,5
1957	8773	–	–	–	–

Anmerkungen:

1 Wehler, *Deutsche Gesellschaftsgeschichte*, 1995, S.1294

2 Röhrig, Erwachsenenbildung, 1989, S.336

3 Zur Frühgeschichte der Wuppertaler Volkshochschule(n) vgl. v.a. Uwe Eckhardt: *Anmerkungen zur Geschichte der Wuppertaler Volkshochschule*, in: *Bachstr.15 – vom Krankenhaus zur Volkshochschule*, hrsg. V. Stadt Wuppertal, Wuppertal o.J. (1997); 23-33.

4 Eckhardt weist darauf hin, dass die Barmer Volkshochschulinitiative an die »Volkstümlichen Vorlese- und Vortragsabende« anknüpfen konnte, die sich seit 1906 in der Stadt großer Beliebtheit erfreuten. Eckhardt, Anmerkungen, 1997, S. 32. s. auch STAW L VI4

5 Aus: *Barmer Anzeiger* 4. Januar 1912

6 Paul Röhrig, *Erwachsenenbildung*, 1991, S.461

7 vgl. Eckhardt, Anmerkungen, 1997, S.26

8 Dieter Langewiesche, *Erwachsenenbildung*, 1989, S.340 .

9 vgl. Otto Romünter: *Volkshochschule Wuppertal 1911–1958* (= Volkshochschule im Westen Zeitschr. d. Deutschen Volkshochschul-Verbandes), hrsg. vom Landesverband d. Volkshochschulen von Nordrhein-Westfalen, 11/12 (1958) Köln 1958

10 Reinhold Tigges: *Reisen ist Leben*. Wuppertal 2001

11 Gay, *Republik*, 1987, S.207

12 Ebda.

13 Tigges, *Reisen*, 2001, S.30

14 Langewiesche, *Erwachsenenbildung*, 1989, S.344

15 Oppermann, Röhrig, *75 Jahre VHS*, 1995, S.24

16 Lothar Weiß: *Julius Friedrich (1883–1977), Oberbürgermeister von Wuppertal* http://www.rheinische-geschichte.lvr.de/persoenlichkeiten/F/Seiten/JuliusFriedrich.aspx

17 Oppermann,Röhrig *75 Jahre VHS*, S.28f

18 STAW, L VI 40 m

19 Romünter, *Volkshochschule*, 1958, S.

20 STAW, L VI 40 r, 1

21 Raapke, *Erwachsenenbildung 1998*, S.560

22 Olbrich, *Geschichte der Erwachsenenbildung*, 2001, s.331ff

23 Auf Otto Romünter folgten später als hauptamtliche Volkshochschulleiter der Jurist, Philologe und Direktor der renommierten Wuppertaler Gesellschaft zu »geistigen Erneuerung«, »DER BUND«, Dr. Hans-Jürgen Leep (1958–1975), der spätere Wuppertaler Kulturdezernent, Heinz-Theodor Jüchter (1975–1978), Edgar Bach (1978–2000) und Monika Biskoping, die seit 2005 als »pädagogische Leiterin« die zur »Bergischen VHS Solingen / Wuppertal« fusionierte Einrichtung gemeinsam mit dem kaufmännischen Leiter, Udo Bente, führt.

24 Besonders in NRW und Hessen zielten die Weiterbildungsgesetze auf eine stärkere Verpflichtung der kommunalen Gebietskörperschaften. Vgl. Raapke, *Erwachsenenbildung* 1998, S.564

25 Deutscher Bildungsrat 1970

26 Romünter, Volkshochschule 1958, S. 7

27 ebda. S.7

28 ebda. S. 10

29 ebda S. 13

Quellen:

Stadtarchiv Wuppertal (STAW)

Volkshochschule

Barmen 1867–1929

L VI 4 Volkstümliche Vorlese- und Vortragsabende 1906–1908

L VI 5 Volkstümliche Vorträge 1907–1909

L VI 5 a Volkshochschule 1913–1929

Elberfeld
L VI 11 Abhaltung von Volkshochschulkursen 1919–1929
L VI 11 a Volkhochschule, Schriftwechsel 1920–1923
L VI 11 b Volkshochschule Elberfeld verschiedene Angelegenheiten 1920–1932
L VI 11 c Einrichtung von Volkshochschulkursen 1919–1920
Wuppertal
Volkshochschule 1918–1961
L VI 40c, 1 Einrichtung und Ausbau (auch Vereinigung der Volkshochschulen Barmen, Elberfeld und Ronsdorf sowie Umwandlung in eine private Volkshochschule
1953) Verhältnis zum Unterhaltsträger. Lehrerfortbildung in der V. H.
Leitung der V. H. 1918–1957
L VI 40 d, 1 Einzelvorträge und Feiern der Volkshochschule. Veranstaltungen der Arbeitsgemeinschaften und Mitwirkung bei Veranstaltungen anderer Stellen. Einführungsvorträge 1919–1952
L VI 40 d, 2 Einzelvorträge und Feiern der Volkshochschule. Veranstaltungen der Arbeitsgemeinschaften und Mitwirkung bei Veranstaltungen anderer Stellen.
Einführungsvorträge 1919–1952
L VI 40 e Volkshochschulgemeinde Elberfeld, Verband Rheinischer Volkshochschulen 1920–1931
L VI 40 f, 1 Persönliche Angelegenheiten der Dozenten
Band 1 1920–1954
L VI 40f, 2 Persönliche Angelegenheiten der Dozenten
Band 1 1920–1954
L VI 40 g Zusammenarbeit mit Gewerkschaften und anderen
Vereinigungen. Bild-Einrichtungen dieser Stellen 1921–1957
L VI 40 h Heim-Volkshochschulen: (einschließlich Entsendung von Hörern,
auch Ausland) 1922–1958
L VI 40 i, 1 Tagungen, Freizeiten, Studienfahrten, Akademien 1928–1956
L VI 40 i, 2 Tagungen, Freizeiten, Studienfahrten, Akademien 1928–1956
L VI 40 j Volkshochschulgemeinde und andere Höhrervereinigungen 1928–1959
L VI 40 k Persönliche Angelegenheiten der Dozenten, auch Genehmigung der Mitarbeit Band 2 1928–1960
L VI 40 k, 2 Persönliche Angelegenheiten der Dozenten, auch Genehmigung der Mitarbeit 1928–1960
L VI 40 l Bildungsarbeit an Erwerbslosen, Lazarettinsassen, und außerhalb des Stadtbezirks, 1930–1948
L VI 40 m Private Volkshochschule 1933–1935
L VI 40 n Volkshochschule und Besatzungsbehörde bzw. alliierte Stellen, auch Besuch der Delegation englischer Erwachsenenbilder in Wuppertal, Zonenerziehungsbeirat 1945–1955
L VI 40 o Hauptamtliche Leiterstelle der Volkshochschule Wuppertal und Besoldung des Leiters 1945–1961
L VI 40 p Tätigkeitsberichte und Statistiken der Volkshochschule Wuppertal für die Zeit vom 01.01.1946 bis zum Winter 1953/1954 1946–1954
L VI 40 r, 1 Arbeitspläne, statistische- und Arbeitsberichte der Volkshochschule Wuppertal vom Winterdritteljahr 1946 bis zum Winter-Semester 1957/1958
1946–1958
L VI 40 r, 2 Arbeitspläne, statistische- und Arbeitsberichte der Volkshochschule Wuppertal vom Winterdritteljahr 1946 bis zum Winter-Semester 1957/1958
1946–1958
L VI 94 Grundsätzliches zur Volkshochschularbeit 1926–1958

Zeitungen:
Barmer Zeitung, 1912, 1919
Generalanzeiger Elberfeld - Barmen, 5.1.1912
Barmer Anzeiger, 4.1.1912, 17.2.1912
Freie Presse, 19.5.1919, 30.5.1919, 25.6.1919

Literatur:

Uwe Eckhardt: Anmerkungen zur Geschichte der Wuppertaler Volkshochschule, in: Bachstr.15 – vom Krankenhaus zur Volkshochschule, hrsg. V. Stadt Wuppertal, Wuppertal o.J. (1997); 23–33

Peter Gay: Die Republik der Außenseiter. Geist und Kultur in der Weimarer Zeit 1918–1933, Frankfurt 1987

Isabell Herbst: Vom Bildungsideal der deutschen Volkshochschule, Wuppertal 1987

Dieter Langewiesche: Erwachsenenbildung, in: Handbuch der deutschen Bildungsgeschichte, Band V 1918–1945, hrsg. von Dieter Langewiesche und Heinz-Elmar Tenorth, München 1989, S.333 –362

Josef Olbrich: Geschichte der Erwachsenenbildung in Deutschland. Opladen 2001

Detlef Oppermann, Paul Röhrig (Hrs.): 75 Jahre Volkshochschule. Stuttgart 1994

Hans-Dietrich Raapke: Erwachsenenbildung, in: Handbuch der der deutschen Bildungsgeschichte, Band VI 1945 bis zur Gegenwart, 1. Teilband, hrsg. von Christoph Führ und Carl-Ludwig Furck, München 1998, S.549-584

Bernd Reinert: Die VHS Wuppertal (masch.) Wuppertal 1977

Paul Röhrig: Erwachsenenbildung, in: Handbuch der deutschen Bildungsgeschichte, Band IV 1870–1918, hrsg. Von Christa Berg, München 1991, S.441–472

Otto Romünter: Volkshochschule Wuppertal 1911–1958 (= Volkshochschule im Westen. Zeitschr. d. Deutschen Volkshochschul-Verbandes), hrsg. vom Landesverband d. Volkshochschulen von Nordrhein-Westfalen, 11/12 (1958) Köln 1958

Reinhold Tigges: Reisen ist Leben. Wuppertal 2001

Detlef Vonde: Von «Gottesfurcht und Vaterlandsliebe« zum »Bürgerengagement 2.0«, in: Ders.(Hrsg.): AnsichtsSachen. Festschrift zum 50 jährigen Bestehen der Politischen Runde der Bergischen VHS, Wuppertal 2011, S.

Hans-Ulrich Wehler: Deutsche Gesellschaftsgeschichte 1849–1914, München 1995

Lothar Weiß: Julius Friedrich (1883–1977), Oberbürgermeister von Wuppertal http://www.rheinischegeschichte.lvr.de/persoenlichkeiten/F/Seiten/JuliusFriedrich.aspx (2011)